たった3つ。すごい株価法則

ぱる出版

はじめに
いま目の前にある危機

　数年前に「日本の個人投資家の９割は負けている」という株の本が出て話題になりました。

　それもその著者が証券サイドの側の方だったので、それ以来このデータはかなり浸透したと思われます。

　しかし残念ながらこの事実に関しては、今も依然として変わりがない状態が続いています。

　原因はいろいろありますが、私は個人投資家の味方としての役割を果たしてきた株の本にも、負けを引きずる大きな原因があったと考えています。

　今までに書かれた全ての株の本は、「株は数多くのテクニックを駆使して勝てる」という前提で書かれてきました。

　しかし今日本で主流を占めて、相場を意のままに動かしている外国人投機家軍団は、このような戦術レベルで勝てるほどやわな相手ではありません。

　もう一歩彼等と同等の数少ない戦略レベルの株価法則まで踏み込む必要があるのです。

　この本は日本の個人投資家の９割の方が、通算成績で負け続

けていると言われている現在の日本の投資環境の下で、**この本を読んだすべての投資家の方を、全て勝ち組にするために書き上げました。**

　単に豪語するだけなら簡単ですが、この株の本を世に問うて、上の通りに満足できるレベルまで書き上げる為に、２５年という長い歳月をかけて磨き上げてきました。こんなに長く掛かったのは、これを満たす満足レベルの条件が絶対だったのです。

　その満足レベルとは、今まで誰もが達成できなかった「**将来の株価が読める**」ことにありました。勝ち組になる為には、将来の株価が読める事が絶対条件です。その為に今まで誰も開発したことのないチャートを基本とした「**３つの株価法則**」の完成が、この株の本を世に問うきっかけとなったのです。

　実はこの事実を最近になって書いたのではなく、すでに１７年も前に株式指南宮本道場という株式ブログを開設して、インターネット上に発表していました。当然反響は大きく、１日５千通から１万通もの賛否のコメントが来る超人気ブログになったのですが、そのうちに暗号のようなコメントが何千何万と押し寄せて、最後に株式ブログは炎上して終止符を打たされました。

はじめに　いま目の前にある危機　　3

そこで私は株式ブログに代る有料の株式指南宮本道場の株式情報をメールで送る会員制度へ切り替えたのです。以来その当時の会員のごく一部の会員を除いて、今に至る１４年間の会員継続を続けて、私の持論を支え続けてくれました。

　この間に払って頂いた会費は、この本の代金と比べますと、胸が痛みます。
　会員にお送りした株式情報のメール数は、まもなく千通にもなります。

　この会員の方達の心強い支持がなければ、この本の誕生はなかったでしょう。

　しかし反面高い会費を１４年間も払ってご継続頂いたことは、将来の相場や株価が読めるという前提が、一度も破られることなく継続した証しでもあります。

　「相場や株価は読める」とだけ喝破しただけでは、誰もその真実を判ってくれません。何故読めるのかを証明する根拠が必要になります。

　その読める根拠となるのが、私が開発したチャートに基づく「３つの株価法則」でした。つまり「株価は株価法則で動

いている」と宣言したのです。

　1つの株価法則は、いずれも1行で書き表せるもので、3つですから3行の株価法則を理解して頂ければ良いことになります。このようなたった3つという株価法則を理解するだけですから、それまで膨大な時間を使って得た株式経験や勘から解放され、いきなり始めた個人投資家でも、この株価法則を活用して勝てる方程式を提供したのです。

　この株価法則は、ガリレオ・ガリレイが「**それでも地球は動いている**」と言って宗教裁判にかけられたように、世間の株の常識を完全に逸脱していました。

　しかしいずれか私の開発した3つの株価法則が広く世間に認められ、株式相場は3つの株価法則で戦う時代が来ると確信しています。

　その根拠に、今の日本の相場は特定の外国人投機家軍団によって、大きく株価操作されているからです。

　逆に証券会社や新聞社がこのことに触れないで、日々日本の相場が動いている事実の方が、私にとっては非常に不可思議な出来事に思います。

3つの株価法則とその活用法は、後の第4章と第5章に詳しく書いています。

　この株価法則を活用した皆様の笑顔が、私は今から想像できます。もうお金に苦労しなくて良いとか、この獲得した大金を利用して、念願の起業をしようと言った喜びの姿が目に浮かぶからです。

　しかし老婆心で申し上げておきたいことがあります。この年になって判ったのですが、**お金はその人の器量に応じて、大いなる武器にも怖い凶器にもなるという点だけは肝に銘じておいて下さい。**

　一番注意しなければいけないことは、強欲という怖い人間の性です。儲ければ儲けるほど更に儲けたいという切りの無い欲のことです。

　普通はこの欲は簡単に満たせないので、封印されています。しかしこの封印が一旦解かれますと、恐ろしいことになるのです。

　お金だけを稼ぎたいという気持ちが強欲を生みます。株式投資をするのは起業するためとか、目的がはっきり定まりますと、そこにタイムスケジュールが出来上がり機能するようになりま

す。

　何故私がわざわざこのようなことを書くかと言いますと、３つの株価法則を活用して株の運用を始めますと、短期間に大きな資産が積み上がる会員の方の実績がすでにあるからです。

　私は会員との間の１４年の間でのメールのやり取りや質問を交わしていく中で、株の成功は本当に素晴らしいのですが、人生はそれだけがすべてではないという気持ちを強く持つようになりました。

　ある日に街で見かけた広告で、「**人生は後半戦が素晴らしい**」という素晴らしいキャッチコピーを見かけました。

　どんな人生を送ろうが、それはそれで１つの人生ですが、今の日本では圧倒的に人生の老後に向かうにしたがい、病気や貧困、孤独といった尻すぼみの人生が圧倒的に多くなります。

　その中で「人生は後半戦が素晴らしい」という人生を送るには、どのような心掛けや行動をする必要があるかを考え、会員に送る株式情報の冒頭の１ページには、必ずこれからの人生の生き方（活き方）を書くようになりました。

　素晴らしい生き方の参考例を探すために、本やテレビで参考

はじめに　いま目の前にある危機　　7

になるものがあれば、かならずメモや録画を心掛けて知識を集積してきました。

それらの優れた人には共通項があることも判りました。株の手本は株だけでなく、身近なところにもいくらでもあるのです。
最後にもう一つ皆様にアドバイスすることがあります。

それはまもなく世界の株式市場に大きな危機が起きる可能性が非常に高いことです。

当然日本の相場も同様に巻き込まれるでしょう。
この原稿を書いている８月初めでは、このことに株式評論家も個人投資家も殆ど気が付いていません。過去にも何度か大きな暴落が相場を襲いました。

しかしその直前は、恐ろしいナイアガラ瀑布のすぐ上でのどかな湖上遊覧船の一見のどかに見えて危険な風景が広がるのです。

一旦流れが速いところまで船が流されますと、もう後に引き返すことは不可能です。まずはこの危機から逃れて下さい。更には信用取引や先物取引をされている方は、売り建てで対応して逆に大きな利益を狙って下さい。ピンチはいつでも大きなチャンスの裏返しなのです。

危機はアメリカか中国、ドイツのどこかで近々に起こると見ています。今のアメリカの好景気は株高によって支えられている偽りの景気で支えられています（ちょうど今から３０年前の日本の景気と似た風景）が、ＮＹダウやＳＰ１００はまもなく破綻を迎えるでしょう。

　アメリカの株高は企業自身の自社株買いで支えられており、このようなタコが自分の足を食う成長の限界が近づきつつあるからです。中国もアメリカとの貿易戦争で大きく疲弊し、習近平主席の存在を脅かすまでになりました。ドイツはドイツ銀行の大きなデリバテイブ残高で破綻が迫っています。どの１つをとっても破綻は免れようもない状況が近々に迫っています。

　過去いずれの株式式市場の大暴落の走りは、意外に静かに始まりますが、その存在に気が付いた時は手の施しようのない状況下に追い込まれるのです。

　これは株を持っている・いないの問題ではなく、全ての人に等しく襲いかかります。

　日本の問題では、普通取引しかされない個人投資家です。この方達の対処法も、第６章危機管理の章で詳しく書きました。

はじめに　いま目の前にある危機　　9

もしこの本のこの記事を読んで、この危機を上手く乗り越えるだけでなく、その後の対処法で大きく資産を増やすことが出来ましたと喜んで頂くことができれば、これに勝る喜びはありません。

　日本の個人投資家は、日々の株の戦いの中で負けているのではなく、１０年に一度来る大暴落で、今までの利益どころか、元となる資産まで大きく失う繰り返しをされています。

　この近視眼的な株式投資からそろそろ卒業して、生まれか変わった新しい株の人生を送られることを願っています。

　この本は読んで単に為になったと言われることよりも、「**読んで実践して**」株の考え方が変わり、その後の人生の考え方と財産が豊かになったと言われたいと考えています。

　令和元年　８月

株式指南宮本道場
宮本　壽一

たった3つ。すごい株価法則　目次

はじめに　いま目の前にある危機　3

第1章
大暴落の始まり。皆さんはどうしますか？

1　大暴落はすでに始まっている　18

2　大暴落はピンチかチャンスか　19

3　信用取引や先物取引は危険な取引か　20

4　今回の大暴落は日経平均をどこまで下げるか　22

5　大暴落は国際優良銘柄をどこまで下げるか　23

6　変調の兆し　25

第2章
株式市場でお得意さんにされ続けた個人投資家

1　株式市場で勝つことの意味　28

2　外国人投機家のデリバティブ取引集団　32

3　ジェット・コースター相場の構築　35

第3章

株式市場の仕組まれた罠

1　株価は読めないという思い込みの罠　38

2　株式市場内の株取引はブラックボックス　39

3　売買高の主役の変遷　40

4　外国人投機家の台頭　41

5　日本人のお金や株に対する偏見　43

6　仕組まれた罠からの脱出　44

7　株価法則がわかった！　45

8　チャレンジ投資の結果　46

9　３つの株価法則の誕生　47

１０　３つの株価法則　48

第4章

株は３つの株価法則で決まり！

1　株は株価法則か株の技術か　50

2　株価法則の誕生　51

3　最初の株価法則の発見　53

4　株価は２本平行線の連続で構成されている　54

5　月足チャートの２本平行線の３点支持　55

6　２本平行線の個別銘柄への活用　57

7　３線のアリアの株価法則にチャレンジ　59

8　３線のアリアの株価法則とは　60

　イ　絶好の買い場を提供する３線上のアリア銘柄　62

　ロ　絶好の空売りを提供する３線下のアリア　64

9　太陽線の株価法則　66

第5章

３つの株価法則の実践活用

1　３つの株価法則の実践活用　72

2　３線のアリアの実践活用　73

　イ　３線上のアリアの実践活用　73

　ロ　３線下のアリアの実践活用　77

3　２本平行線の実践について　80

　イ　２本平行線と個別銘柄　81

　ロ　２本平行線と日経平均　82

第6章

株は危機管理ができて一人前です

1　危機管理とは　88
2　普通取引の個人投資家の危機管理　89
3　答えは至って簡単。一番安い時に買って、高い時に売る 90
4　日経先物（ミニ）取引の危機管理　97
5　今後世界で起こる情勢を読む　100

第7章

主要銘柄の、チャートの総括と解説

イ　3線上のアリア銘柄群　105
　①神戸物産（3038）週足チャート　105
　②ソフトバンク（9984）月足チャート　108
　③第一三共（4568）月足チャート　110
　④ネットワンS（7518）週足チャート　111
　⑤シリコンスタジオ（3907）週足チャート　112
　⑥豆蔵（3756）週足チャート　114
ロ　3線下のアリアの銘柄群　115
　①電通（4324）週足チャート　115

②日本ハム（２２８２）週足チャート　116

第８章

株価チャートの基本、売買の基礎

1　株価チャート（罫線）とは　120

2　チャートを構成する３つの要素　123

3　ローソク足のしくみ　124

4　ローソク足に現れる兆候　125

　イ　二点天井・三尊天井　125

　ロ　二点底・逆三尊　125

5　移動平均線とは　126

6　大切なのはローソク足と移動平均線との絡み　127

7　指数連動銘柄　128

第９章

「人生は後半戦が素晴らしい」株の戦略をサポート

1　株は人生　136

2　株は戦略の勝負　137

3　株の戦略をサポートする考え方　138

4　「人生は後半戦が素晴らしい」を実践する11ヶ条　140

5　持続力が人生を変える　142

6　何故日経平均なのか　144

7　夢を見る人が勝ち　148

8　健康寿命を伸ばす　149

9　人生2毛作の時代　151

10　リスクの取り方　152

11　人生は後半戦が素晴らしい　153

第10章

「株のプロになってほしい」株式指南宮本道場より

1　株式指南宮本道場の誕生　156

2　400人の会員が集まったが…　157

3　株のプロになってほしい　161

株式情報ＮＯ604　8月4日　166

起業塾ＮＯ400　7月24日　171

おわりに　日本の投資家は恐ろしい、と言われる日まで　172

第1章

大暴落の始まり。
皆さんは
どうしますか？

1　大暴落はすでに始まっている

　後になって日経平均を見れば、２０１８年１０月２日から大暴落が始まったことに気がつく筈です。そして２０１９年８月６日(火)に入って、日経平均が２０、５００円を切ったことで大暴落への２段落ちの準備が始まりました。

　何故そのようなことが事前に判るのかは、第４章の３つの株価法則で証明しますが、このような大暴落のかなり事前に判るのが、株価法則で戦えば大きな利益を上げられるのが大きな強みなのです。

　株で利益を上げられるかどうかの差は、このような敏感な**センサー**を持っているかどうかです。センサーは**物差し**と言い換えても良いでしょう。

　大半の個人投資家はこのような物差しを持たずに、感覚や経験を頼りに株式投資をしています。この物差しこそ株価法則なのです。

世の中はこの物差しが基準に成り立っているのに、今まで株式投資で株価には物差しがありませんでした。

　この株価基準の株価法則を知ることが、勝ち組の投資家になる第1歩になります。

2　大暴落はピンチかチャンスか

　今回の大暴落をあなたはピンチと見ますか、それともチャンスと見ますか。

　これによってあなたが今後資産が積み上がるか、それとも株の負け組になるかが決まります。過去において殆どの個人投資家はピンチと見るだけで、チャンスと捉えずに9割の人が負け組になったのです。

　株で良く言われるように「**ピンチはチャンス**」なのです。ただこの言葉を知っているだけでは、何の役にも立ちません。

　ピンチをチャンスにする具体的な売買を知れなければ、同じく9割の負け組になるだけです。

第1章　大暴落の始まり。皆さんはどうしますか？　　19

何故負け組になるかという大きな原因に、個人投資家の取引の8割以上の方が普通取引しかされないという背景があるのです。これは将棋の駒で言えば歩のようなもので、前に一歩1歩進むだけの駒です。後ろに引くことが出来ないのです。飛車のように前にも後ろや横にも動ける機能に匹敵する信用取引や先物取引を駆使することを憶えれば、ピンチはチャンスに変わるのです。

飛車や角のような駒に該当するのが、株で言いますと信用取引や先物取引になります。

3　信用取引や先物取引は 危険な取引か

信用取引や先物取引が危険と見なされるのは、これらの取引にはレバレッジが掛かります。レバレッジとは「てこ」の原理のことで、お金を担保にそれ以上のお金を借りてトレードすることを言います。

その取引には以下の３つの取引があります。

表1-1

取引内容	レバレッジ
信用取引	３．３倍
ＦＸ取引	２５倍
先物取引	３０倍

　倍率が高くなるほど危険度は増しますが、信用取引では個別銘柄が中心になるのに対して、ＦＸではドル円、先物では日経平均といった指数取引ですので、一概に倍率の高低だけでは決められない面もあります。

　ただこれらの取引には物差しの株価法則を正しく運用しないと、大きな危険性を有した売買であるという認識が必要です。

4 今回の大暴落は日経平均を どこまで下げるか

過去３０年の期間で日経平均は３回大暴落しています。

表 1-2

スタート高値円	大底円	期間　月	暴落幅円	暴落率％
89・12 38、916	92・8 14、309	32	24、609	63.2
00・4 20、833	03・4 7、608	36	13、225	63.5
07・7 18、262	09・3 7、055	20	11、207	61.4
18・10 24、270	20・9（予測） 9、220	22 （予測）	15、050 （予測）	62.0

期間こそ長短がありますが、暴落率はいずれも半値８掛けの６０％台で終わっていますので、今回の４回目も３回目に似た大暴落になると見ています。

5　大暴落は国際優良銘柄を
どこまで下げるか

　私は今まで見てきた個人投資家の思い込みの中で、国際優良銘柄を持っていれば間違いが無いという強い思い込みがあります。

　果たして実態はどうなんでしょうか、その実例として０７年７月に起こったリーマン・ショック時から見てみましょう。

表1-3

銘柄 　　　　コード	高値 　　　　　円	安　値 　　　　　円	暴落率 　　　　　%
日経平均	０７年７月 　１８，２６２	０９年３月 　　７，０５５	６１．４
トヨタ 　　　７２０３	０７年２月 　　８，３５０	０８年１２月 　　２，５８５	６９．０
日本電産 　　　６５９４	０７年１０月 　　４，３８５	０８年１１月 　　１，５６５	６４．３
日本製鉄 　　　５４０１	０７年７月 　　９，６４０	０９年３月 　　２，３３０	７５．８
ソニー 　　　６７５８	０７年５月 　　７，１９０	０９年２月 　　１，４９１	７９．３
コマツ 　　　６３０１	０７年１０月 　　４，０９０	０８年１０月 　　　７０２	８２．８
パナソニック 　　　６７５２	０８年６月 　　２，５１５	１２年１１月 　　　３７６	８５．０

第1章　大暴落の始まり。皆さんはどうしますか？　　23

この１例だけを取ってどうとは言えませんが、大暴落時には
これらの銘柄が率先して売られている事実は覚えておかれてよ
いでしょう。

　しかし逆に見れば、まさにこれがこれらの優良銘柄の超バー
ゲンで、これを見逃す手はないでしょう。

　その後の１５年末までの株価の戻しを出してみます。

表1-4

銘柄　　　コード	高値　　　　　円	安　値　　　　円	暴落率　　　％
トヨタ　　　7203	１５年３月　8、783	08年12月　2、585	340
日本電産　　6594	１５年８月　11、415	08年11月　1、565	730
日本製鉄　　5401		09年３月　2、330	
ソニー　　　6758	１５年５月　3、870	09年２月　1、491	259
コマツ　　　6301	１１年５月　2、926	08年10月　702	417
パナソニック　6752	１５年５月　1、854	12年11月　376	493

24

6 変調の兆し

　変調の兆しは日経平均が月足で２０、５００円を切った辺り
の２０１９年８月半ばから本格化すると考えています。その前
後では、この最後の砦の激しい攻防戦が繰り広げられるでしょ
う。当然ＮＹダウはそれ以上の激しい上下動を繰り返し、大暴
落が近づいていることを感じさせます。

　この８月１４日（水）には米英の国債市場で景気後退の前
兆とされる長短金利の逆転現象が起こり、その日のＮＹダウは
８００ドル安と今年最大の下げを記録しました。

　また米中貿易摩擦もその行方が見えず、米中双方に実態経済
に強い下押し圧力がかかっており、世界経済の潮目が変わりつ
つあることを印象づけました。

　ドイツや英国の４〜６月期の国内総生産も共にマイナス成
長となり、景気後退の２四半期連続のマイナス成長も視野に入
りつつあります。

日経平均の２０、５００円切れは、日経平均の月足チャートの下値指示線上にあり、ここを株価が切ることは２０１２年から続いたアベノミクス景気の終焉も意味します。

　そこで改めて皆様に問います。この大暴落の兆しを前に、皆様はどう構えられますか。大ピンチですか、大チャンスですか。

　１０年前のリーマン・ショックの時は、日本の個人投資家の殆どがこの大ピンチに曝され、大損害を受けました。

　もう同じ愚は繰り返さないで、今度は大チャンスに変れる賢い個人投資家になろうではありませんか。

第2章

株式市場でお得意さんにされ続けた個人投資家

1　株式市場で勝つことの意味

　株式指南の仕事をして経験が増えるに従い、いかに多くの個人投資家が株式市場で利益を出せずに、負け続けているかを知りびっくりしました。

　ただ株を持てば配当もありこれが年３％程度入りますが、問題はこのような通年の話ではなく、ほぼ１０年単位で襲い来る大暴落で、折角上積みされた持ち株を、ぼろ株並みの半値八掛け以下まで売り叩かれて、賽の河原の石積みのような投資生活をされている方が多いのです。生涯投資の株式投資で通年の話をしても意味がないのです。問題は通年ではなく、１０年単位での大暴落の話なのです。

　１０年経ちますと、１０年ひと昔で過去のことは忘れて、再びこの不幸が襲う構図は、まるで毎年襲い来る地震や台風の災害とさして変わりません。

　しかし天災の地震と違い、株の暴落というのはある日突然襲い来るというものではありません。必ず事前に明確な兆候

を示すサインが点灯しているのです。

　この事については後で詳しく書きますが、一度知れば二度と忘れないサインになるでしょう。このことをまず知ることが、負け組から勝ち組へと変わる第一歩になります。

　少し古い２０１２年２月の話になりますが、私がこの実態を知ったのは、「9割の人が株で勝てない本当の理由」（河合達憲著、扶桑社刊）から**その事実を知った**のです。河合達憲氏はカブドットコム証券のチーフストラジストで、本来なら証券顧客に知ってほしくない事実を本で明らかにしたのです。

　またこの本の出版タイミングは、丁度この年の２年前に起きたリーマンショックの後であり、私が書きました個人投資家の実態と見事に符合します。

　本来は個人投資家側の味方としての機能を果たしてくれるはずの証券会社は、このような実態をひた隠しにして、手数料稼ぎに終始しています。

　ここにも問題はあるのですが、本当の個人投資家の敵は別の所に潜んでいるのです。ところが証券界の慣わしで、一切この敵は表面には現れてきません。

もしこの敵の事に気が付いていて、日頃からその準備万端を整えて戦っている方がおられれば、その方はすでにプロレベルの領域の方です。

　敵は日頃の戦いでもコンスタントに利益を稼いでいますが、この１０年に１度の大暴落こそ、彼等が待ちに待った大ボーナスを手にするチャンスなのです。
　株は買いと売りが成立して成り立ちますので、この大暴落こそ売りに回れる最大のチャンスになるのです。

　これこそが冒頭の個人投資家の９割が株で勝てない主な原因だったのです。

　これで利益を独占し続ける特定の集団が、日本の株式市場の中に潜んでいることが判りました。この集団の売買の癖や習慣を知れば、彼等に対抗できる訳ですが、全てが証券界の闇の向こうで行われる株式投資では、言うほど簡単に見つけることは至難です。

　現在日本の株式市場での参加者は、大きく分けて個人（現金・信用）、法人、外国人の３分類することができます。個人は省きますので、法人と外国人が浮かび上がります。
　その正体を掴むには、財務省が発表する**投資主体別売買動向**を見る事で大よその内容を掴むことができます。

表 2-1　投資主体別売買動向 2018 年総売買代金

投資部門別　株式売買状況　二市場一・二部等［金額］全 50 社

2018年 2018（1/4 – 12/28）

千円,%

二市場一・二部等**総売買代金**
（売り買い合計）

1,588,655,257,621

総売買代金に占める合計及び自己・委託別比率

	総計	自己取引	委託取引
	97.6%	15.0%	82.6%

		01/04～12/28		
		金額	比率	差引き
自己計	売 り	118,672,750,741	15.3	
	買 い	119,644,999,378	15.4	972,248,637
	合 計	238,317,750,119	15.4	
委託計	売 り	656,168,633,666	84.7	−799,749,847
	買 い	655,368,883,819	84.6	
	合 計	1,311,537,517,485	84.6	
総 計	売 り	774,841,384,407	100.0	
	買 い	775,013,883,197	100.0	172,498,790
	合 計	1,549,855,267,604	100.0	

委託内訳

法 人	売 り	49,097,265,250	7.5	
	買 い	54,294,106,155	8.3	5,196,840,905
	合 計	103,391,371,405	7.9	
個 人	売 り	130,720,949,820	19.9	−369,547,347
	買 い	130,351,402,473	19.9	
	合 計	261,072,352,293	19.9	
海外投資家	売 り	471,956,601,191	71.9	−5,740,255,777
	買 い	466,216,345,414	71.1	
	合 計	938,172,946,605	71.5	
証券会社	売 り	4,393,817,405	0.7	
	買 い	4,507,029,777	0.7	113,212,372
	合 計	8,900,847,182	0.7	

海外投資家売買における**法人、個人**の数値

	売 り	買 い
法 人	471,369,954,040	465,645,049,879
個 人	586,647,151	571,295,535

Copyright © Tokyo Stock Exchange, Inc. All Rights reserved.

日本取引所グループ (https://www.jpx.co.jp/index.html) をもとに一部抜粋、加工

この中で互いに相反する売買を行う者があるかと見ますと、個人と外国人が過去長きに亘って、相反する売買を繰り返していることが判ります。これで大くくりとして外国人が浮かび上がる訳です。

　しかし外国人というくくりだけでは余りにも範囲が広く、更に詳しく調べあげる必要があります。これらの売買が短期の急激で激しい特徴がありますので、ここから長期投資の外国人投資家ではなく、短期売買を行う外国人投機家であることが掴めます。

2　外国人投機家の　　デリバティブ取引集団

　現物株主体の個人投資家の売買と、ほぼ正反対の売買をするのが外国人投機家です。個人投資家が買う時は外国人投機家が売り、個人投資家が売る時は外国人投機家が買うという反対の売買を行うことが多いのです。ただ外国人投機家の売買の特徴は、現物株を直接売買するのではなく、日経平均の先物取引で売り建てをして日経平均を連動して崩します。この取引が行われますと、それに見合っただけの現物株が売られてバランスがとられるからです。

これはデリバティブ取引と言われ、１秒間に数万回の超高速取引が可能で、そのために日経平均がこの取引で３０分の間に数百円も下がるようになりました。

　本来の先物取引は本来は相場を安定化するために導入されたと言われていますが、実態はこのような外国人投機家が相場を牛耳るようになりますと、その本来の役目の逆を行く実態が目につきます。

　本来は普通取引の脇役として登場した筈の先物取引ですが、気が付くとこの取引が普通取引を振り回す逆転取引へと変化しました。１０年前には犬の尻尾（先物取引）が犬の胴体を振り回すと揶揄された記事が良く出たのですが、今やこの状態が常態化して大きな話題にもならなくなりました。

　この状態を改善するために時間延長の夜間取引を設けましたが、改善への道は程遠い状態です。

　ただ注意しなければいけないのは、先物取引が猛威をふるうのは３ヶ月毎に発表される４半期決算の直前までで、その発表後は決算内容に沿った内容に戻ります。これをチャートで表しますと、大きな影響を受けるのは日足チャートで、週足チャー

トになるとやや緩やかになり、月足チャートでは正常範囲に戻ります。地震で言いますと縦ブレは激しいのですが、横ブレはそれほどでもないと考えて判断する必要があります。

　この面からも正しく相場を判断するためには月足チャートが基本で、その補助としての役目として週足チャートや日足チャートがあるという見方をして下さい。

　この実態を判って頂く為に、私は会員の方に今までの現物株投資一本から、空売りもできる信用取引や、デリバティブもできる先物ミニ取引を推奨しました。算数で言えば足し算オンリーから、引き算や掛け算・割り算への対応をお勧めしたのですが、１年もしない内に大半の方が対応されたのには、勧めた私自身が驚きました。私の若いこと頃には資金枠が３.３倍まで取引を膨らませる信用取引の怖さが良く聞かされ、またそれで破産した人の話もありました。

　確かに身のほども知らずに株式投資をすることは危険そのものですが、それは便利な火やガスを使わないという発想と同じで、使わないという発想ではなく、どう使いこなすかという発想へと考えることに切り替えることにして頂きました。

　これは便利なパソコンやスマホや車にも共通にある問題で、

私がインターネットで株取引や株式指南をやれるのも、確かに問題は多いものの、使いこなすメリットの方がはるかに多いから使用しているのです。ただ問題のありかを知り、使い方を誤れば大きな問題を引き起こすことだけは、絶対に認識して取り組んで下さい。

3　ジェット・コースター 相場の構築

　ジェット・コースターと言えば遊園地にあるあのジェット・コースターのことです。そんなものが株式投資とどんな関係があるのだと思われるかもしれませんが、実は外国人投機家が仕掛けて来る相場の大暴落の姿が、このジェット・コースターの形とそっくりなのです。

　この事に気が付いてすでに１０年を超える期間になりました。

　彼等は日本の株式市場を１０年ごとに上げては大きく落とすこの仕組みを作り上げて、大きな利益を産むシステムを完成したのです。これは日本市場だけではなく、アメリカの市場をも巻き込んでの世界レベルのスケールの大きい話になります。

第2章　株式市場でお得意さんにされ続けた個人投資家　　35

この研究を始めてから気が付いたのですが、これは地震の起こる仕組みと非常に似ています。ただ地震は自然現象ですからそれほど規則性はありませんが、こちらのジェット・コースター相場はある程度規則性があります。その正体は毎年積もった積年の歪の是正だということです。

　そして今世界はジェット・コースターが大きく落下する寸前まで来ています。

　このジェット・コースターを恐怖におびえるか、楽しむかはあなたの心掛け次第です。

第 3 章

株式市場の仕組まれた罠

1　株価は読めないという　　思い込みの罠

　株価は読めますかと聞かれて、読めますという人は皆無でしょう。極端な事例では、東日本大震災の日には株価は大きく下落しました。

　しかし株価は全く読めないのかというと、実はそうでもないのです。日々の株価を読むのは不可能ですが、これが１週間になり１ヶ月、１年と期間が伸びるに従い**株価はある一定の方向を目指して動いている**ことが読めてきます。

　この性質を理解して移動平均線が生まれました。また株価は市場の買いと売りとの激しい攻防戦の結果決まるという、過去の思い込みも実は３０年前に幕を閉じていたのです。

　それでは株価はどう動いているのかと言いますと、相場を先導する外国人投機家のグループが、先物取引と裁定取引の合わせ技で日経平均を自在に動かしているのです。その動きを加速させたのが、株式市場での売買の匿名性というブラックボックスと、売買高の急増によるコンピューターのスピード化でした。

2　株式市場内の株取引は　ブラックボックス

　彼等の知られたくない真実の隠密行動を許しているのは、株式市場内での取引がコンピューター化の進展によって、誰もがその取引内容を把握できないブラックボックスになったからだと考えています。私が若い頃の株取引では、売買毎に株式の売買証書があって、誰と取引したかが判るようになっていました。

　それが売買高の急増とコンピューター化によって、自分が誰と取引したかは判りません。もし昔のシステムに戻したら、売買相手が特定の外国人ばかりで不思議に思い、その結果とも相まって日本人の個人投資家が９割も負け組になることはなかったのではないかと疑ってしまいます。

　今ではこのシステムに誰も疑問を持たずに進行していますが、この面での改革が行われれば、株の基本的な大改革になるのではないでしょうか。本来全ての商取引は、買い手と売り手が白日の下に公平に行われるべきものです。

　しかし世の中は力を持ったものが、自分に都合の良いシステムへ変換させてしまうのです。例えばアメリカの銃社会ですが、これだけ頻繁に銃の事件が起きても抹殺されるのは、背後に大きな力を持つ組織の存在があるからです。

第３章　株式市場の仕組まれた罠　　39

3 売買高の主役の変遷

　株式相場では株価中心に目が行きがちですが、売買高も株価に大きな影響を与える要素の一つです。さらにはその時の売買高の主役が誰であるかを知ることはもっと重要なことなのです。

　物事の本質を探るには、誰が主役なのかを掴むことです。これが日本では判らないシステムになっているから、私はおかしいと主張しているのです。

　日経平均が１９８９年１２月に一気に３８、９００円の高値をつけたあと、株価も大きく下げていきますが、同時に売買のメインプレーヤーも変わって行きます。

　それまで主導権を握っていた個人投資家に変わって外国人投資家が大きく台頭してきます。今のインバウンドに似た株式投資版が起きたのです。

　一概に外国人投資家と言っても、目的によって大きく分けられます。１つは長期目的で日頃の売買は多くないタイプに対して、もう一方のタイプは短期の値幅取りが主で、激しく売買を繰り返して相場を撹乱する外国人投機家のタイプです。

図3-1 日経平均25年間の売買高の変遷

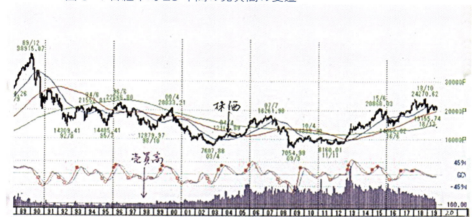

4　外国人投機家の台頭

　このタイプの外国人投機家が増えるに従い、日本の株式市場は様替りしたと言えます。それまでの個別銘柄を中心とした個々の売買から、日経先物取引を主体とした売買へと変革したからです。個別銘柄の従来の地上戦から、先物取引の空中戦へと変わっていきました。

　個別銘柄は個々の売買よりも、先物取引での売買が引き起こす裁定取引で大きく動く方向へと変化していきます。以前の割安かどうかという物差しが通用し難くなってきています。

その最たるものが、リーマン・ショックなどが起こった際の最終段階で、とどめを刺すかのような怒涛の売りで、国際優良銘柄群が半値８掛け２割引きというぼろ株以下に売り叩かれる姿が出現するのです。通常だとありえないと思われる株式取引が、先物取引と裁定取引の組み合わせで出現するのです。

　本来は欧米に比較して伸びの低い日本に投資に来る彼等の目的は、日本では規模的にもレバレッジを効かした先物取引に利益の拡大の活路を見出したのです。

　その結果最近の彼等の全売買高に占める比率は、７０％を占めるようになってきました。政治の世界でもそうですが、その世界で多数を占めることは、その世界の主導権を握れることです。最近１秒間に何万回という売買が出来る超高速売買は、彼等にこの便利なシステムを提供するために開発されたとしか思われません。

　ただこれらの全てにおいて、それが一般の人の目に触れないで、粛々と進んでいるのです。これによって日本の国益の部分がダダ漏れになっていても、誰も指摘もされないで、またそれを正そうという動きも今のところ見えてきません。しかしこのような不具合なことが日常で起こっているのに、日本人は無関心というか指摘する人が現れてきません。

　その元をたどれば、日本人の株や金に関しての距離を置いた態度にその原因がありそうです。

42

5　日本人のお金や株に対する偏見

　私は小さい時から家が貧乏でお金に不自由する生活を送っ
てきましたので、お金の大切さを身に沁みて感じて生きてきま
した。

　しかし私が付き合う人は、比較的裕福な人が多かったことも
あるのかもしれませんが、一見お金や株に対して口に出して言
うことをはばかる人が多かったようです。

　私が株式指南をしだした時に、ある人に名刺を渡したら、い
きなり突き返されました。「株なんて博打だから君子危うきに
近寄らず」とはっきり断られたのです。その時に株の勧誘のた
めに名刺を渡したのではないのですが、私を危険人物と見たよ
うです。

　その前の無料の株式ブログを出していた時にも、コメント欄
にいきなり「講釈垂れのインチキ野郎」と執拗に書かれました。
講釈は垂れてもインチキは私が最も嫌う「講釈垂れの好々爺」
ですと返事をお繰り返しました。

　その前に私が会社勤務をしていた時には全く想像しないく
らい、第2の仕事に選んだ株式指南という仕事が、偏見で見ら
れていることを強く感じました。

第3章　株式市場の仕組まれた罠　　43

6　仕組まれた罠からの脱出

　巧妙な罠を仕掛けて来る外国人投機家を相手に、どのような対応が望ましいでしょうか。

　その答えは彼等が利益の拡大を狙って作り上げた日経平均が、どのように形成されたかを徹底的に調べ上げることから始めました。

　具体的には過去を含めた１５年間分の日経平均の日足チャート、続いて週足チャート、最後に月足チャートの動きを印刷し、そこに仮説の法則性が見つからないかを来る日も来る日も印刷をして発見に努めたのです。

　しかし１０年間経っても法則性らしきものは皆目見つかりませんでした。

　そこで余りの作業量の多さにばてて、思い切って真ん中の週足チャートに絞り込むことに切り替えました。そして判ったことは、日足チャートこそが混乱の理由で、週足チャートに絞り込んだことで正解に近づくということでした。更に２年半経った時に、近くのスーパー銭湯の湯に浸っていた時に、突然頭にひらめくものがありました。いつもは２時間の予定が、３０分で切り上げて自宅に戻りパソコンの前に座りました。

7　株価法則がわかった！

その時は１つだけでしたが、その後１ヶ月で面白いように合計３つの株価法則が見つかったのです。その後は今に至るまで、これ以上の株価法則は見つかっていません。

このような発見は積上げて見つかるものではなく、まるで神の啓示の如く天から降って来るものだということが判りました。

ただ見つかったとはいっても、それは過去に通用した株価法則で、今後の株価に通用するのかが問われます。

そして驚いたことに、**この３つの株価法則は**ことごとく**明日の株価を当てた**のです。

そこで私はその時の私の会員になっていた方に向けて、この３つの株価法則が通用することを証明しようとして、チャレンジ投資をインターネットを使い５年に亘って実施したのです。一概に５年と言いますが、その労力と精神力は大変なものでした。

8 チャレンジ投資の結果

　チャレンジ投資とは私が先に株の売買を行い、その後文章を書いて１０分以内に会員全員にインターネットで通知するという過酷なもので、待ったなし入れ替えなしの条件でスタートしました。初めは先物ミニ取引も交えて利益を稼ぐつもりでしたが、一部の会員からブーイングが出て、元の普通取引だけで行うことになりました。

　それでも２年半は１年間の成績がすべて２．４倍という成績で順調に推移し、改めて３つの株価法則の正しさを証明する結果に終わりました。

　ところがこの後の冬、いつもの囲碁仲間と囲碁を打って帰り道で全身の体がこわばるような寒気がして、家に戻るなり２日間寝返りも打てないほどの病気に襲われたのです。

　その後病院へ担ぎ込まれるようにして診察を受け、３時間ほど休養すると魔法がとけたように全快に向かいました。医者の見立ては過度の過労の結果だという診断を受けました。

　しかし私は２年半では十分ではないと思い、この半年後に再チャレンジし、更にこれ以上の成績を２年続けて、ここでチャレンジ投資の実験は終了しました。

9　3つの株価法則の誕生

　このように長い年月と、更に体を張っての検証の結果、初めて世に問える3つの株価法則が誕生したとして、今から6年前に70名の会員向けに株式指南宮本道場という1冊の本を完成させました。本は部数が少ないので20万円という高額の金額でしたが、発表と同時に完売しました。

　おこがましい例えですが、シュベルトのようにやさしい会員の仲間に囲まれた株式指南で終わるつもりでした。

　その気が変わったのは、今から2年半前のある会員の方の突然亡くなられた時の出来事でした。奥様から「主人が株式指南宮本道場をもっと広い世界へ出て、今の閉塞した日本の株式市場を救ってくれたら」と遺言のように申していましたと聞いた時から、この言葉がそれ以来ずーと頭の隅にこびりつきました。

　それでも私には会員に20万円で売ったことが頭から離れられず、悶々とした日々を送っていたのですが、再び相場が大暴落が近づくのを前に決断しました。会員にその旨の株式記事を書き、一人でも会員の方の反対が出れば諦めるつもりでおりました。その代り私は今後一切会員から会費を頂かずに無料で記事を送り、13年間の株式指南の収入の道を閉ざしました。

第3章　株式市場の仕組まれた罠　　47

10　3つの株価法則

ここに誕生した３つの株価法則とは、

（1）２本平行線の株価法則

（2）３線のアリアの株価法則

（3）太陽線の株価法則

というたった３つの言葉で表せて、僅か１行程度の文字で表現できる簡単な株価法則です。詳しくは次の第４章で解説します。

第4章

株は３つの株価法則で決まり！

1　株は株価法則か株の技術か

　今まで株式投資で利益を上げるには、株の優れた技術だと見られていて、今日本の株の本で一番多いのはこの手の本です。未だかって株は株価法則で決まると踏み込んだのは、株式指南宮本道場の株の本が最初です。

　この真偽は後の記事で確かめて頂くとして、従来の技術で場面場面がすべて違う相場展開の中で対抗しますと、一般のアマが囲碁や将棋のプロに対抗するようなもので、一生掛かってもプロに対等に対抗することは到底不可能です。

　そこで宮本道場が考えたのは、いまの株式相場には必ず相場を操縦するトッププロ（私はスーパー・クレーと命名・略称S・K）がいて、そこでは株価を技術で操縦しているのではなく、株価法則を駆使して相場を操縦していると考えたのです。

　長年に亘って相場に君臨するには、単に数限りない技術ではなく単純明快な株価法則を駆使して、相場を動かしていると目をつけたのです。

しかし目のつけどころに狂いはなかったのですが、敵もさる
ものこの仮説から検証への取り組みに２０年もの長い歳月を要
しました。

2　株価法則の誕生

　１０年ほど前から、日本の株式市場に先物取引と裁定取引で
１秒間に何万回という超高速取引を駆使した外国人投機家の存
在は、新聞やテレビでの表には出ないものの、ベテランクラス
の個人投資家では噂にはなっていました。

　しかしその外国人投機家が、株価法則を駆使して日本株を操
縦しているというレベルまでには至りませんでした。

　**未だかって株に株価法則があると言及したのは、日本では
１０年前から宮本道場が最初に言い出したものです。** しかし
このことを公にする手段を持たないちっぽけな宮本道場では、
まず会員の７０名に知らせて、この株価法則で大きく利益を出
してもらおうと考えたのです。

第４章　株は３つの株価法則で決まり！　　51

更に自ら宮本道場が相場に参加して、チャレンジ投資と命名して１０年前からその成果を証明しようと試みたのです。そして５年間全てにおいて資金を２００％以上の成果を出して終わりました。

　しかし７０歳をゆうに越した年齢で、売買の後記事を書いて会員にインターネットで５分後に送るというきつい作業は、３年後の冬に４０度を超す発熱で中断されました。２日後病院に担ぎ込まれた時の医者の見立ては超過労でした。

　その後２年間継続して行い、この５年間で株は株価法則で動いているという実証検証を終えました。この５年間、この実験のために今まで楽しみにしていた外国旅行はもちろん、泊りがけの小旅行さえ行かれなくなり、妻にも大きな負担を掛け続けたことで止めたのです。

　まさに命を懸けての実証検証でしたが、幸い命を落とさなかったのは、「神は私にこの株価法則を日本の個人投資家に広く伝えよ」という使命を授かったのだと、今になってはそう感じています。

　この実験と並行して、同時に株価法則の完成を目指して、来る日も来る日もチャートの検証に励みました。
　印刷したチャートは段ボール箱に詰めて行ったのですがす

ぐに一杯になり、それとインク代が毎月１万円も掛かりましたので、この３０年でこの代金だけでも３００万円も投資したことになります。

このような大きな費用も、会員の方の継続して下さった会費があってこそ、継続できたのだと心から感謝しています。

3　最初の株価法則の発見

私が最初に見つけた株価法則は「**株価は２本平行線の中を推移する**」ことでした。この株価法則は毎日相場と戦い、激しい株価の上下動に苦戦している投資家には絶対見えて来ない株価法則だと思います。

例えで言いますと、トンビが獲物を捕らえる時の動作を考えてもらうと判ります。もしトンビが空中高くくるりと輪を描いて飛ばずに、いきなり地上５メートルから獲物を追ったらまず捕まえられないのです。

これを株の話に戻しますと、毎日の株価の動きの中で戦っていますと、自分を見失ってしまいます。これを１ヶ月、半年、

1年と時間が経過した中で株価の動きを追って行きますと、株価はある意図を持って推移していることが読めてくるのです。

　その結論が株価は2本平行線の中を推移するという見方の発見につながったのです。しかし株価はずーと1本の平行線の中を推移している訳ではありません。

　必ずどこかでこの2本平行線から外れて、新しい2本平行線へと乗り換えて行きます。

4　株価は2本平行線の連続で構成されている

　株価が2本平行線の中を推移しているだけでしたら、日経平均の株価は396円から38、915円の幅の中を推移しているというナンセンスな結論になってしまいます。

　実際は株価は新しい2本平行線へ次々に乗り換えて、延々と続く2本平行線の連なりを形成するのです。

　問題は次の新しい2本平行線へ移る時に、ある決まりで乗り移って行くのです。

それが移る時に「**最初にホップ・ステップ・ジャンプという１・２・３と、株価の激しいジグザグの上下動をする**」ことを掴んだのです。

　実際には日足チャートから始まって、週足チャートや月足チャートまですべてにこの動きがあるのですが、一番重要なのは月足チャートなのですが、その動きを突き動かしているのは週足チャートですので、いつもこの２つを交互に並べて検討するのが良いでしょう。

５　月足チャートの２本平行線の ３点支持

　日経平均が右肩上がりになったのは２０１２年からです。それから今までアベノミクス相場として上昇相場と捉えられてきましたが、実はこの７年間でずーと右肩上がりの上昇を続けてきた訳ではありません。途中で下落場面もあったのです。その日経平均の月足チャートの経過を見てみましょう。

　次ページの図で判るのですが、２０１５年６月に２０、８６８円の高値を付けた後に、１６年８月に１４、９５２円と１年２ヶ月間で５、９１６円幅の下落を経験しているのです。

図 4-1

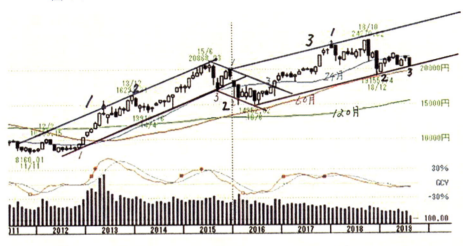

　その後株価は持ち直して上昇に転じたのですが、この間に株価は２本平行線を乗り換えているのです。

　そして今株価は再びイと☐の２本平行線を推移していますが、２０１９年８月半ばには☐の下値指示線上にあり、株価は４回目の２本平行線に乗り換えを行うのかという微妙なポジションを迎えました。

　この動きがどうなるかは第５章の「３つの株価法則の実践活用」で、日経平均の週足チャートと２本平行線で見てみます。

　今の段階では、一般には単なる予測しか書けない段階のはず

です。

　しかし、この株価法則を使えば日経平均の明日の株価が読めるようになり、誰よりも早く大きな利益を得ることが可能になるのです。

　次は日経平均ではなく、圧倒的に数が多い個別銘柄への適用です。

6　2本平行線の個別銘柄への活用

　2本平行線を使っての日経平均の活用は、殆どの個人投資家が活用していない日経先物取引が中心になりますので、より応用範囲が広い個別銘柄での活用を書いていきます。

　その際には必ず週足チャートか月足チャートを使って行って下さい。

　それでは日本電産の週足チャートを使って活用例を見てみます。

図 4-2

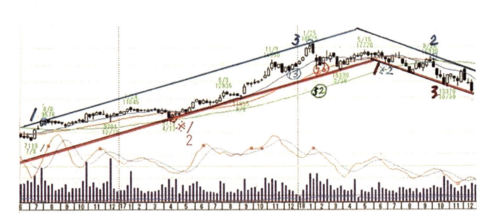

　ここでの買い場は２０１７年５月の＊１のポイントで、決済は１年後の１８年５月に右肩上がりの２本平行線を外れたところになります。

　同時にこの外れたところで空売りを掛けるポイントになりますので、信用取引をされておられれば、買いだけでなく売りでも利益を出すことができます。

　殆どの個別銘柄は２本平行線を引きますと、上がったり下がったりを繰り返しますので、そのつどこのような２本平行線を引きますと、どちらでも買いでも空売りでも利益が取れますが、普通取引だけの方は半分の上がりの２本平行線しか利益を出せないことになります。

このように株価法則を憶えますと、普通取引だけでなく、一刻も早く信用取引や更に先物ミニ取引へと取引の枠を広げることが、資産を大きく増やす近道になりますので、是非チャレンジして下さい。

　但し株価法則をうろ覚えの段階で行うのは危険ですから、必ずこの本を最低でも３回ぐらい読み返して、そこから低いレベルからスタートさせて下さい。

　私の会員の方達は１０年前から普通取引から信用取引、更に先物取引ミニと覚えられて、それまでの負け組から勝ち組へと変化されていったのです。

7　３線のアリアの株価法則にチャレンジ

　先の２本平行線の株価法則は先物取引を中心に活用した株価法則でしたが、３線のアリアの株価法則は普通取引と信用取引で活用して頂く株価法則です。
　その判りやすさでは３つの株価法則の中で一番人気のある株価法則になりました。

「株価と３つの週足移動平均線との組み合わせ」を見るだけ
で、その銘柄が買いか空売りかが一目で判るのです。

　まるでリトマス試験紙にかけたようですから、人気が出て当
然の株価法則だったと思います。

　これで一気に資金を年間倍増出来た方が増えたのもこの株
価法則があったからだと思っています。

　一時の負け組から勝ち組へと変わられた方から、この株価法
則は魔法の株価法則だと絶賛して頂きました。

　恐らくこの本を買われた方が同じような体験をされるもの
と信じて疑いません。

　それではその魔法の３線のアリアの株価法則を紹介します。

8　３線のアリアの株価法則とは

　この名前の由来は、クラシック音楽大好きの私がバッハのＧ
線上のアリアから命名したもので、音符の代わりに株価と週足
の３つの移動平均線との絡みから。

　その時の銘柄が買い場にあるのか、それとも空売りを掛ける
のかを判定する株価法則です。

具体的には、

1　株価が一番上で、13週移動平均線・26週移動平均線・52週移動平均線と上から順列の数字が並んだ時に3線上のアリアと名付けます。

この配列になりますと、株価はその後どんどん上昇して買い場になります。

2　株価が一番下で、その上に13週移動平均線・26週移動平均線・52週移動平均線と逆列に並んだ時に3線下のアリアと名付けます。

この配列になりますと、株価はその後どんどん下落して空売りの対象になります。

3　株価と3つの移動平均線が1でも2でもない状態の時を、3線中のアリアと呼び、この時は買いも空売りも見送ります。

実は株価の動きは絶えずこの3つの株価サイクルを形成して循環しているのです。

永久の3線上のアリアを継続する銘柄がないように、反対の3線下のアリアに終始する銘柄もありません。

必ず個別銘柄はこの3線のアリアの循環の中で、3線上のアリアから3線中のアリア、更に3線下のアリアへと変化していきます。

その時々の姿の中で、３線上のアリアの時は買いで応じ、３線下のアリアになれば空売りで対応すれば良いのです。

　しかし一般の方の個別銘柄の対応は、一旦買いますとほとんどの方が売り時を逃してベタ買いのまま持続される方が多いのです。

　株は買うと同時に売り時を計算して持続するのが正しいのです。買った銘柄が３線上のアリアから外れたら即決済する勇気を持たないと、資産は積み上がらない苦労が多い割に利益が少ないという悪い循環に陥ってしまうのです。

　株には３つの株価サイクルがあって、そのつど買いから空売りまで正しく対応できるようになれば、永久に勝ち組へと名乗りを上げて、資産をどんどん積上げる良いパターンへと変化していきます。

イ　絶好の買い場を提供する　　３線上のアリア銘柄

　少し前の時期ですが、良品計画（７４５３）の週足チャートを見てみましょう。

図4-3

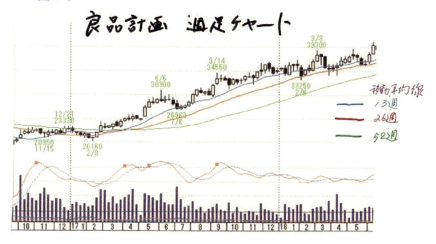

　見事に株価・１３週線・２６週線・５２週線と上から順列に並び、それに伴って株価は２万円台から１年半かけて４万円台まで伸びていきました。
　買い時は２０１７年４月に３線上のアリアになった２３，０００円辺りになります。これで見ますと今まさに上昇トレンドに差し掛かろうとしたタイミングでの買いであることが判ります。

　しかしこの全体のチャートを見れば誰でもここが買い場であることは一目瞭然ですが、この買い場でチャートを切りますと、この先がどうなるかは読めない筈です。それが３線のアリアの株価法則はこの先の値上がりを読み切ってしまうのです。もちろんその時の相場内容によっては、全てがこの通りになる

第４章　株は３つの株価法則で決まり！　　　63

と保障されたものではなく、全体で見れば１割〜２割はこの通りにならないでこのまま横ばいや場合によっては下落するものもあります。

　期間としては３ヶ月程度様子を見ておかしいと感じたら、潔く決済する勇気も持ち合わせて下さい。

　ここで老婆心で一言申し上げておきます。

　株は基本的には株価法則に従って動きますが、全てこちらの都合の良い動きばかりする訳ではありません。株価が動くのは３つの３線のアリアを循環するという株価法則であって、その中で都合の良い３線上のアリアになりやすい状況が来たら買いに向かうということです。

　その意味では株で１００％の勝ちは絶対にないのです。絶えず何パーセントかの違った動きをする可能性も踏まえて売買する必要があります。

ロ　絶好の空売りを提供する３線下のアリア

　引き続き同じ良品計画のその後のチャートを見てみましょう。

図 4-4

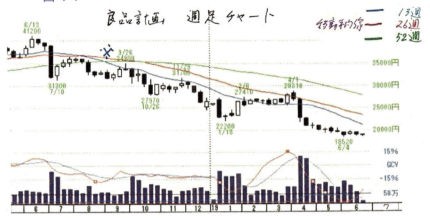

　前図ではあれほど上昇した良品計画ですが、この図では腰砕けのチャートになってしまいました。3線下のアリアへとチャートが変化したからです。
　＊印の所で3線下のアリアへと変化し、その後は右肩下がりの典型的な3線下のアリアになりましたので、ここが空売りのポイントであることが判ります。

　これで3線のアリアの株価法則を活用した利益を出す手法はお判りになりましたか。
　世間では良く推薦銘柄が紹介されますが、何を基準に紹介しているのか判らないものや、推薦基準がまちまちな事と、推薦時は良い銘柄であっても、実際の売買の時のタイミングのズレなどがあって、このような銘柄を買って余り儲けたという話を聞きません。更に致命的なのは、買い時は書いてあっても売り

時の話が余りないものがありますが、私は買い時と売り時が明確に表示されたもの以外は信用しません。また表示されていてもこの表示の適切さがないものも駄目です。

　私の場合は、買い時は３線上のアリアで無くなった時が決済し、反対に３線下のアリアになれば空売りになります。３線下のアリアで無くなった時が決済と全ての売買が明快な論理で統一されています。

　この明快さがない株価解説は危険でさえあります。

　それでは最後に３つ目の株価法則の太陽線の株価法則に参りましょう。

9　太陽線の株価法則

　太陽線とは月足の２４月移動平均線のことです。２４月ですからまる２年という比較的長い移動平均線のことです。

　殆どの個人投資家は、このような長い月足の移動平均線を見て投資されている方は少ないでしょう。しかし今の相場が晴れか曇りかまたは雨の状態かを判断するのに、実はこれくらい適した移動平均線はありません。

　それでは日経平均の月足チャートで見てみましょう。

図 4-5

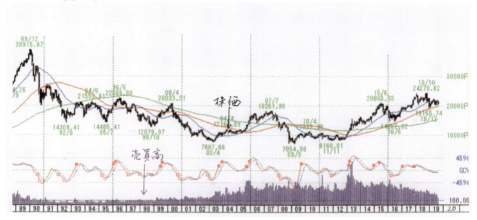

　太陽線（２４月移動平均線）が右肩上がりの時が買い向かう時で、水平の時はどちらでもない時ですが、右肩下がりになれば売り向かう時になります。
　この図を見れば、この３０年間で数度に亘ってこの線が入れ替わり、そのつど投資環境が変わったことを示しています。
　そして一番重要な２０１９年８月現在の太陽線ですが、右肩上がりでも右肩下がりでもない中間の姿をしています。これとそっくりな姿をしていたのが、２年半前の２０１６年でした。
　株価が共に太陽線の下に潜りそっくりな姿をしています。この時は株価がその後急騰して太陽線を超えていったので、辛うじて相場は暴落から逃れました。
　問題は今回ですが、もう少し詳しく見るために、２０１２年から続いて来たアベノミクス相場のこの先の月足チャートを拡大して見てみることにしましょう。

第４章　株は３つの株価法則で決まり！　　67

図 4-6

　このチャート図で見る限り、今後の相場は不利な材料が多い暗い展開になると出ています。太陽線は現在はフラットですが、昨年に株価はダブルトップという先行きはもう株価の天井を付けましたという形を形成しました。

　この後株価は狭い３角保ち合いを形成して、どちらかに出る展開を示しています。もし出てもその先に２４、０００円台の３尊天井という株価の天井を示すシグナルが待っており、どちらかと言いますと株価は近い将来に下値指示線を割る可能性が極めて高いチャートつきをしています。

　以上３つが株価法則です。僅かこの３つの株価法則が、全ての株価の動きを支配しているのです。

　これを株価の動きを技巧で捉えますと、百にも千にもなり一生掛かっても捉まえきれないことになります。僅か３つに絞り込んだことが、今までの戦術の株式投資から戦略の株式投資へ

と昇格させたのです。

この事が株にとって必要不可欠であった長い経験が、不必要になりました。
この３つの株価法則を守って戦えば、株の初心者でもいきなり勝ち組になれるのです。

これからの株の本は、３つの株価法則を無視して書くことは不可能になるでしょう。従ってこの３つの株価法則を発明したことで、画期的な株の本になって後世に残りうると自負しています。

ONE POINT

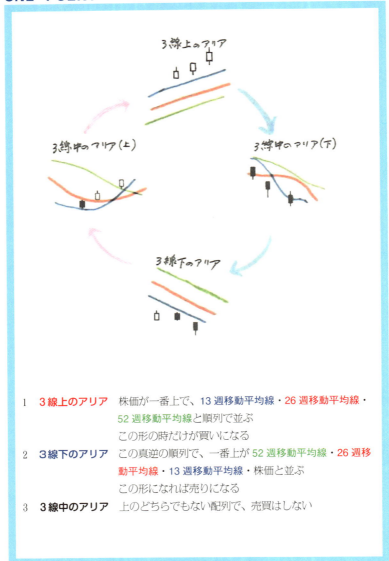

1 **3線上のアリア** 株価が一番上で、13週移動平均線・26週移動平均線・52週移動平均線と順列で並ぶ
   この形の時だけが買いになる
2 **3線下のアリア** この真逆の順列で、一番上が52週移動平均線・26週移動平均線・13週移動平均線・株価と並ぶ
   この形になれば売りになる
3 **3線中のアリア** 上のどちらでもない配列で、売買はしない

第５章

❖

３つの株価法則の
実践活用

1 3つの株価法則の実践活用

　3つの株価法則について述べましたが、これだけでは単に株式の知識であって、これを知恵のレベルに引き上げて、実践活用して利益を出して初めて意義があります。

　私が今から6年前に、私の宮本道場の会員の株の教則本として1冊20万円で出版した時、70名の会員の殆どが発表と同時に購入してくれました。

　それまでの株式情報で、この本の内容が株価法則の知識ではなく、これを活用して莫大な利益を出せる知恵の本であることを知ってもらっていたからです。

　このたびこの事実があるのも拘わらず、私が一般向けに同様の内容で1760円と100分の1以下で株の本を出すという暴挙を初めはためらいました。

　一方で個人投資家がここ20年来に亘り、9割の人が負け越している事実を知り、ここは20年来株の世界でお世話になってきた私が、株の本を出すことで責任の一端を果たす番だと感じていました。

　正直に株の本を一般に出すということを株式情報でお知らせしたところ、誰も反対する会員の方がなく、中にはようやく

決心されましたかと喜んでくれる会員の方まで何人か現れました。

世の中には何万人もの会員を擁する株の学校もありますが、会員数こそ少数ですが、こんな心の広い会員に囲まれた私は幸せ者です。

2　３線のアリアの実践活用

３線のアリアの株価法則には３線上のアリアと３線下のアリアがあり、これらは実践活用できますが、３線中のアリアだけは実践活用できません。

イ　３線上のアリアの実践活用

３線上のアリアとは株価法則では株価・１３週線・２６週線・５２週線と上から順列に並んだものを指して言うと定義しました。

しかし厳密にこれで活用しますと、頻繁に売り買いする頻度が高まり、実用性に欠ける面が出てきます。

そこで実際の運用面では株価が２６週線まで下落しても３線上のアリア扱いすることにしました。但し株価がここを超えて５２週線まで下落しますと、３線上のアリアから外します。

　この線を超えますと３線下のアリアになり、空売りの対象に変化するからです。

　次は買うタイミングの問題です。３線上のアリアであれば、いつでも買いという訳ではなく、実は買い場はあるポイントで決まっているのです。

　それでは具体的に業務スーパーの神戸物産（３０３８）で見てみましょう。

図 5-1　神戸物産　週足チャート

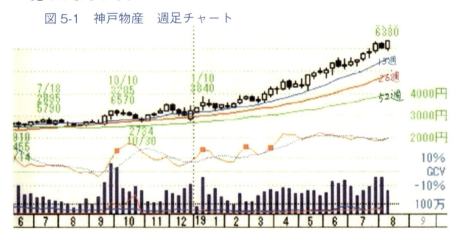

　このチャートでどこが買い場だと思われますか。そうです、**買い場のスタートは、３線上のアリアになった直前が正しい**

のです。

　この場合は２０１８年９月の３、０００円前後が該当します。決済する売り場は株価が**５２週線**まで下落した時で、このチャートではまだ先のことです。

　株価はすでに６、０００円台まで上がってきて、１年で約２倍になりました。

　ここで皆様に是非お勧めしたいのが３．３倍のレバレッジが出来る信用取引の活用です。昔はこのレバレッジがあるが故に、信用取引が怖いというイメージが先行しました。しかし成功確率が極めて高い株価法則に則って戦えば、むしろ信用取引で利益を伸ばす手法を採用しない方が問題なのです。

　これで資金が１年間で倍が更に倍以上まで伸ばせる訳ですから、亀の歩みは兎の飛びに早変わりします。

　次は３線上のアリアになる直前の銘柄は、ある特徴を持つチャートを形成します。そのチャートを見てみましょう。

　銘柄は**Ｄメディアプロ（東マ・３６５２）**で、情報・半導体企業です。

　ちなみにコード番号３０００番台は、３線上のアリア銘柄が一番誕生しやすいコード番号ですから、暇があれば検索して良い銘柄を見つけて下さい。

第５章　３つの株価法則の実践活用　　75

図5-2　Ｄメディアプロ　週足チャート

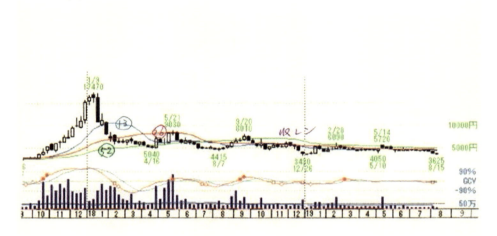

　この長く続く株価と週足３線が収斂したチャートこそ、今後の３線上のチャートになる確率が極めて高いチャート型です。

　時間があればこのようなチャート型を探し求めて下さい。ただこれが３線上のアリアになるかどうかは、相場の状況も大きく影響してきます。

　今は相場が不安定な時期ですから、３線上のアリアになる確率は良くないでしょう。反対に相場が上昇期にあれば、３線上のアリア銘柄はどんどん誕生します。

　この後に３線上のアリアになった時、その後の上昇の形によってその後のスタイルは決まります。一番良いのは図１の神戸物産のチャート型です。１年間でおよそ２倍前後の株価の伸び率が理想です。このようにチャートの形に美があるものを

持つようにしましょう。

　反面立ち上がりにいきなり間欠泉のように噴き上がる銘柄
は、要注意になります。出来高が細った時は株価が下がる兆候
ですが、このような銘柄は余りお勧めしません。１年間に値上
がり率が２倍から３倍までの銘柄がお勧めです。

　３線上のアリアの銘柄数によって、その時の相場状況を読む
ことができます。

　反面３線下のアリアについても同じことが言え、この銘柄数
が多くなりだしたら、これから相場が下落場面に向かうことが
読めます。

ロ　３線下のアリアの実践活用

　この銘柄群で稼げるようになれば、相当に株の腕前が上がっ
てきた証になります。相場によって数が違うだけで、どの相場
でも３線上のアリア銘柄と３線下のアリア銘柄は混在していま
す。

　出来ればこの違う２つの銘柄群で共に稼げるようになって
下さい。

　それでは現在３線下のアリア銘柄の**日本製鉄（５４０１）**か
ら見てみましょう。

図 5-3　日本製鉄　週足チャート

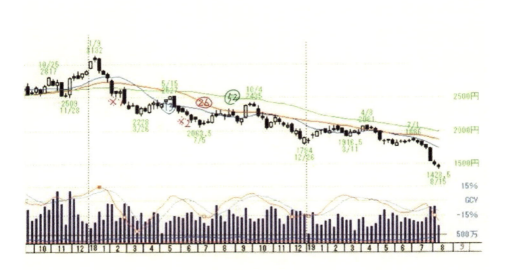

　２０１８年２月の時点で、この株は３線上のアリアから外れました（＊１）。
　更にそれから３ヶ月ほどして３線下のアリアへと変わりました（＊２）。
　どちらで空売りを掛けても良いのですが、安全を期すなら＊２の方でしょう。

　次にもうひとつ銘柄を見てみましょう。銘柄は**日本ハム（２２８２）**です。

図5-4　日本ハム　週足チャート

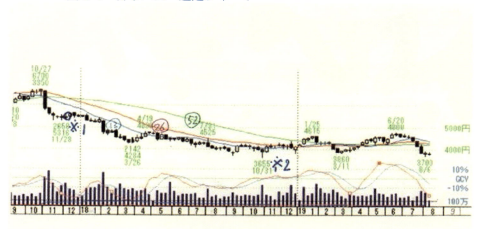

　株価は２０１７年の暮れに３線下のアリアになり、ここで空売りを掛けるポイントを迎えました（＊１）。それからちょうど１年後の１８年１０月末に３、６５５円の底値の時点で一旦決済します。
　その後株価は一旦回復基調でしたが、再び同年８月に株価は週足３線を突き破り、３線下のアリアへ向かいつつあります。再び空売りのポイントを迎えたと考えます。
　以上で３線のアリアの株価法則を活用して、利益を稼ぐ手法を紹介しました。
　いずれも論法が明快で、紛れは全くないのが判って頂けるでしょう。
　しかも時期を問わず、いつでもこの株価法則で利益を出すことができます。

3　2本平行線の実践について

　3線のアリアの株価法則がどちらかと言いますと、個別銘柄対応だったのに対して、2本平行線は日経平均などの指数対応型の株価法則になります。

　具体的には日経平均先物（ミニ）取引に対応しますので、こちらの方が3線のアリアの株価法則よりも大きく稼げる株価法則になります。

　ただそのためには証券会社と先物取引契約を結ぶ必要があります。いきなり申し込んでも許可が下りる証券会社は少なく、早くても半年場合によれば1〜2年ぐらいかかる可能性があります。

　私が会員にこの取引を勧めた時は、さすがに1年ぐらい躊躇されていたようですが、2本平行線の株価法則を活用して稼ぐ方法を伝授してから、会員の大半の方が参加されました。現時点ではこの取引で大きな損害を被って止められた方はゼロで、逆に億万長者になられた方も多く、いかに2本平行線の活用と実践が大きな資産形成に役立つかが実証されました。

　ただ上手く行きすぎて、金銭感覚が狂うのではないかと今では逆に心配しているぐらいです。

イ　２本平行線と個別銘柄

　２本平行線も個別銘柄との絡みで利益を出す方法がありますので紹介します。銘柄は**日本電産（コード６５９４）**です。

図5-5　日本電産　週足チャート

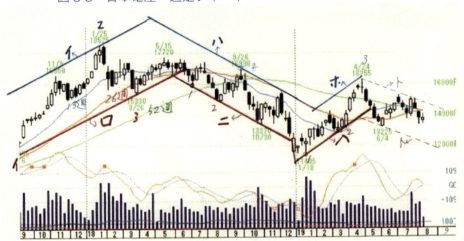

　２０１８年から見ますと、同年５月に株価が口の下値指示線から外れましたので二の下値指示線の１の所で空売りになります。決済は同年末で４，０００円幅の利確できたことになります。その後は買いで再チャレンジしましたが、株価が腰折れして利確に到りませんでした。

第５章　３つの株価法則の実践活用　　　81

ロ　２本平行線と日経平均

　次は本命の２本平行線と日経平均との絡みを利用して日経先物（ミニ）取引で利益を出す方法です。

　まず日経先物（ミニ）取引について簡単に説明させて頂きます。日経平均をあたかも一つの個別銘柄と見なして、他の個別銘柄同様に取引するのです。

　違いは買う時や売る時に実際の値段での取引ではなく、保証金を差し入れて売買することです。保証金は相場の状態によって変わりますが、８月第２週で言いますとラージですと１枚６６万円、ミニですとその１０分の１の６.６万円になります。

　ここで上手く行って１００円高まで上がったとしますと、ミニ１０枚買っていますと　１００円×１００倍×１０枚の１０万円の利益が出ることになります。

　清算時には手数料がほんの少し掛かりますが、初めに預けた保証金は戻ります。

　ただ１つだけ大きな違いがあります。それは先物取引には期間が限定されているという違いです。個別銘柄でも信用取引では９０日ルールで打ち切られますが、最近は無期限の信用取引も出てきました。しかし先物取引は３月・６月・９月・１２月の第２金曜日に全て一旦清算されてしまいます。

これもこの先の値段が高いと見れば、ロールオーバーで次の限月につなぐことができます。

　この取引は初めの間は慣れが必要で、１年間ぐらいは練習のつもりでミニ１枚から始めるのが良いでしょう。私もまだ未だにラージとミニを買い間違えて、よく差し替えています。**先物勝負は少な目に掛けて勝負するのが基本**です。

　何しろ先物取引のレバレッジは信用取引が３．３倍ですが、こちらは２０数倍になります。

　そんな怖い勝負は性に合わないと思われる方は、ＥＴＦ銘柄の上昇局面と見れば**日経レバレッジ（コード１５７０）**、下落局面と見れば**日経Ｗインバース（コード１３５７）**をお勧めします。これですと日経平均の２倍のレバレッジでの運用になります。

　これからの相場展開から見ますと、日経Ｗインバースの出番だと考えます。

　これですと普通取引の買いで対応できますので、相場が悪化すればするほどこの銘柄で利益を出すことができます。この銘柄で利益が出るようになれば、手持ち株はすべて決済して臨む必要があります。この２つの銘柄は第８章２節にチャートを掲載しましたので参考になさって下さい。

　それでは元に戻って、今後の日経平均の読みと日経先物取引でどのような勝負になるのかを月足と週足チャートの２つの

第５章　３つの株価法則の実践活用　　83

チャートを使って読んでいきましょう。まずは日経平均の月足チャートから見てみましょう。

図5-6　日経平均　月足チャート

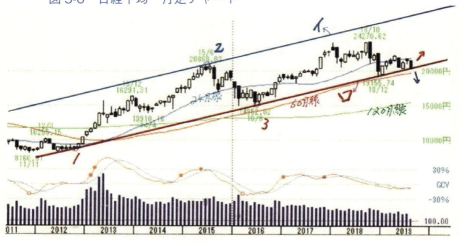

　８月第２週の日経平均の株価は２０、４００円前後で、丁度ロの下値指示線上にあります。今月か来月にロの下値指示線から滑り落ちますと、２０１２年からアベノミクス相場の長期上昇相場から脱落して、これから下落相場入りが確実になります。まさに正念場のチャートつきをしています。

　次に月足チャートよりも先行して走る週足チャートを見てみましょう。

図5-7　日経平均　週足チャート

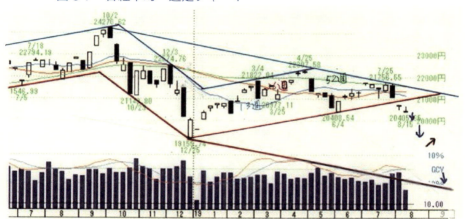

　すでに月足チャートよりも先行して週足チャートでは下落トレンド入りしていることが判ります。今後８月に日経平均が２０、４００円を割るか、９月に入って２０、０００円を割れば、日経平均は秋に１７、５００円まで下落し、来年夏までに９、５００円まで大暴落する可能性が高まります。以前のリーマン・ショックの再来です。

　取らぬ狸の皮算用の日経先物取引でミニ１０枚（保証金６６万円）の利益計算をして見ますと
　１１、０００円×１００倍×１０枚　＝　１、１００万円
　さらに思い切って日経先物ラージを１０枚買われたら（６６０万円の証拠金）利益金は１億１千万円まで膨れ上がり

第５章　３つの株価法則の実践活用　　85

ます。それも期間が経った１年前後での達成なのです。

　それに反してもしあなたが従来の負け組の個人投資家に留まれば、あなたの株資産は今後１年後には３分の１以下になるでしょう。相場が読める株価法則を知るだけで、このように天国と地獄の差の運命に分かれるのです。

　私の会員達が６年前に競って２０万円という高額な私の教則本を全員が買ったのには、このような訳があったのです。

　本来株の本はここに書きましたように、基本の株価法則を固めてそこから知恵の限りを尽くして、打ち出の小槌のように利益を生み出す話が満載でないと株の本とは言えないと思っています。

今この株の本を手に取って見ておられる貴方には、これから人生で最高の運勢が待っています。

　それもたった１７６０円の投資ですから、ピザ１杯の値段で手に入ったのです。この運勢の素晴らしい運をあなたの良い方へ使って下さい。お金がどんどん入ることは良いことですが、全て良いことずくめという訳ではありません。

　自分自身だけに使うのではなく、人の為になるお金の使い方を憶えて下さい。

　お金はお足と言って回せば回すほど活きて帰ってきます。

第6章

❖

株は危機管理ができて 一人前です

1　危機管理とは

　株式投資をする上で、持ち株の危機管理は避けて通れない問題です。本格的な登山をするのに、ピクニック気分の軽装で出かける人はいないでしょう。

　同じ登山と言っても、近くの1千米前後の山に登るのと、8千米クラスの最高峰を登るのでは、当然装備も違いベースキャンプの用意も要るでしょう。

　株式投資で言えば取引形態の違い（普通取引・信用取引・先物取引）を認識して、その取引の危険度に応じて危機管理を行う必要があります。

　更に今の相場が平静な相場か、危険な相場かという見極めも重要な危機管理に含まれます。株式投資であえてプロとアマを区分するとしたら、この危機管理の認識の甘さの差になるのではないかと考えています。

　今まで多くの個人投資家に接して感じたのは、危機の感じ方がにぶい方が多いことです。すぐそこに危機が迫っているのに、全く予想していなくて、大きな損を抱えてから動揺される方が多いのです。

これで利益が出る投資をすることは、まず不可能です。それでは普通取引しかされない個人投資家の危機管理を踏まえた勝ち方を考えて見ましょう。

2　普通取引の個人投資家の危機管理

この個人投資家の最大の弱点は、個別銘柄の株を買うかその株を売るというセットになった売買しかできないことです。

この株の手法がどれくらい幅の狭い限定された売買かは、先物取引や信用取引を憶えて、日経平均という指数の先物（ミニ）売買や、個別銘柄の空売りの信用売買を憶えますと、足し算しか知らなかった生徒が、引き算・掛け算・割り算といったレベルの高いの計算が出来る生徒になるのです。

個人投資家は相場において、高いレベルの投資家に囲まれて、自分がいかに弱い立場の中で相場と戦っているかという危機感を知って戦う必要があります。この危機感をいかに克服して戦うかが課題なのです。

しかし足し算しか出来ないからと言って、道が無い訳ではありません。発想を転換すれば、勝つ道は必ず存在しますし、レ

第6章　株は危機管理ができて一人前です　　89

バレッジが掛かっていない分だけ安全度は高いとも言えます。

　株式投資で一番利益を出す道を閉ざすのは、常識に拘った固い頭で運用することです。その人達に共通する固い頭の共通項は、時間間隔が無いことと、知っている個別銘柄数が限定的なことです。この２つの問題点を克服した勝つモデルの運用法を披露します。

３　答えは至って簡単。一番安い時に買って、高い時に売る

　そんなことぐらい、誰でも判っていると反論されそうです。本当にそうでしょうか。それでは一番安い時っていつですか。

答えはほぼ１０年周期でやってくる大暴落の後です。
　この時はその直前の国際優良銘柄は高値の半値８掛け２割引き以上まで売り叩かれます。ざっと計算すると元値の３分の１以下まで下落することになるのです。過去の月足チャートを知っていたら、誰でも答えられる簡単な投資法なのに、実際に行っている人は１００人に１人程度なのです。

　このような大きな株の大バーゲンが出現しますと、相場の大暴落の時には必ずもうこれ以下の持ち株は売らないという岩盤

のようなところまで、過去１０年ごとに３度の大暴落の時は売り叩かれています。

　過去の事例で見てみますと、２００１年のＩＴショック時、２００９年３月のリーマン・ショックと続いて、恐らく２０１９年後半から予測される大暴落と続くでしょう。この時点で事前にプールした資金で、半値８掛け２割引きまで叩き売られた国際優良銘柄を買い直すのです。

　参考までにそのリーマン・ショック当時の優良銘柄の値段をもう一度書いてその恐怖を味わって下さい。

表6-1

銘柄　　　　　　コード	高値　　　　　　　円	安　値　　　　　　円	暴落率　　　　　　％
日経平均	０７年７月　　１８，２６２	０９年３月　　７，０５５	６１．４
パナソニック　　６７５２	０８年６月　　２，５１５	１２年１１月　　３７６	８５．０
コマツ　　　　　６３０１	０７年１０月　　４，０９０	０８年１０月　　７０２	８２．８
ソニー　　　　　６７５８	０７年５月　　７，１９０	０９年２月　　１，４９１	７９．３
日本製鉄　　　　５４０１	０７年７月　　９，６４０	０９年３月　　２，３３０	７５．８
トヨタ　　　　　７２０３	０７年２月　　８，３５０	０８年１２月　　２，５８５	６９．０
日本電産　　　　６５９４	０７年１０月　　４，３８５	０８年１１月　　１，５６５	６４．３

銘柄によって差はありますが、平均すれば高値の３分の１以下まで叩き売られています。

　これはリーマン・ショックの時だけでなく、１０年に１回毎に起こった大暴落では、その当時の主力の優良銘柄がほぼ同じ状況を呈しました。

　問題はこのような大暴落が、何故１０年周期で襲うのかということですが、１つは世界景気の景気波動とリンクしていて、それを利用して相場を先物投資で操作する投機集団が存在するからです。

　ただ周期的に１０年としますと、それなりに皆も用心しますので、８年であったり１２年であったりと操作してくるのです。

　買い時は優良銘柄が半値８掛け２割引きのタイミングだと判りましたが、その反対の持ち株の売り時はその前のいつかが判らないと、買い時を逃がしてしまう結果になります。

　この買い時とセットして、その前に持ち株を事前に処分していませんと、意味がありません。

　この売り時にも、買い時と同じように明確なタイミングの時期が存在します。

　売り時と買い時とは、共にセットにして覚えておくのが良いと思います。

　２０１９年７月現在まさに持ち株の売り時が迫っていますので、ここから説明致します。

買い時は上の説明で判って頂いたと思いますのが、その後株価が１０年ほど上昇し続けた後に、上値が重い段階へ到達します。それが現在の相場状況ですが、この時に売り時のサインがチャート上に次々に現れてきます。
　それが日経平均の月足チャート上に現れる**２点天井**（または**３尊天井**）というローソク足の下落サインです。
　前回のリーマン・ショック時にも２点天井が事前に現れました。

図6-1　日経平均　月足チャート（2004年から2009年）

　この２点天井が現れた直後に、３段階の下落を伴って２００７年７月の高値１８、２６１円から、０９年３月の７０５４円まで暴落しました。
　これがリーマン・ショックと言われる大暴落となったので

第６章　株は危機管理ができて一人前です　　93

す。

　月足チャートで付ける２点天井後に、株価が右肩下がりとなった時点で、この次の大暴落を予告しているのです。この最初に２点天井（または３尊天井）を付けた時点から、株価が下がり始めたら持ち株の売り時になります。

　実は私が開発した**太陽線**（２４月移動平均線）の株価法則は、持ち株の手放す時期と株を仕込む時期を表わした株価法則なのです。

　株価と太陽線の位置関係で、株価が太陽線に接する段階で太陽が沈むタイミングとなり、要注意の段階になります。次に株価が太陽線から下放れし始めるタイミングが危険ゾーンになり、完全に下放れした段階は大暴落へと進む段階になります。

　大暴落は最高値から３段階で下落するのです。図6-1で見てみますと、第１段階が２００７年８月、第２段階が月足３線から離脱した２００８年７月、そしてその後の第３段階の９月から大暴落しました。少なくとも第２段階で手を打つ必要があるのです。

　それでは現在の日経平均の危険段階を調べてみましょう。

図 6-2

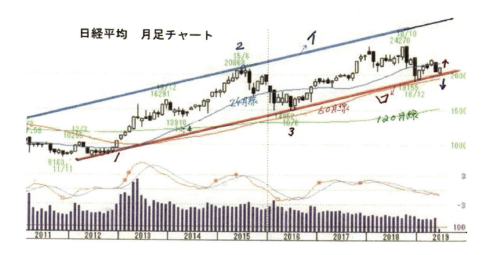

　アベノミクス相場は７年間も上昇を続けたのですが、その支えになったのが上に引きましたイと口の右肩上がりの２本平行線でした。２０１９年８月現在日経平均の株価は２０、５００円前後を推移していますが、この８月から９月にかけて２０、０００円を割りますと、上昇を続けた右肩上がりの２本平行線から、その反対の右肩下がりの２本平行線へと変化し、大暴落への道を歩むことになるのです。
　そうなるのかどうかの判定は、月足チャートよりも週足チャートの方が先行していますので、こちらで判定して見ましょう。

図 6-3

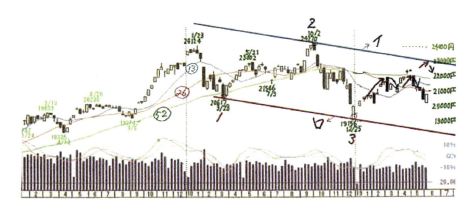

　これで見ますと、昨年１０月２日に付けた２４、２７０円の２点天井が株価のピークとなり、株価はイとロという右肩下がりの２本平行線内を推移しており、このチャートでは早くて８月末にも日経平均の株価は２０、０００円を割ることを予告しています。
　この値段を維持している段階が、最後の売り時と考えます。

　私は買い時は一番安い時と書きましたが、反対に売り時は一番高い時とは書きませんでした。一番高い時と言うのは、事後になって初めて判ることで、非常に難しいことだということが判ります。
　以上、今までは普通株取引の方向けの買い方・売り方の記事でした。次は先物（ミニ）取引や信用取引へと移ります。

4 日経先物（ミニ）取引の危機管理

　個人投資家の大半の方は先物取引をご存知ないか、名前ぐらいは知ってはいても実際の取引内容まではご存知ないでしょう。

　私の若い頃には信用取引をするのさえ非常に危険で、事実この取引で破産したり自殺者さえ出たことを憶えています。

　信用取引では自己資金のレバレッジの限度額が３.３倍まで取引ができるのですが、先物取引ではさらに３０倍程度まで取引が可能になります。

　したがいまして、その危険度は一桁違う危険を超えて恐ろしいレベルなのです。

　まさに先物取引は、トップクラスの危機管理能力が要求される株の取引です。

　そんな恐ろしい先物取引を私は今から１０年以上も前から、会員の方達へお勧めしてきました。今から考えたら勇気のあることをしていたなと思いますが、

　２年以内に会員の半数近くの方が、先物ミニ取引をされるよ

第6章　株は危機管理ができて一人前です　　97

うになりました。

　何故私がかくも危険な先物ミニ取引を勧めたかと言いますと、３つの株価法則と危機管理を駆使すれば、９９％まで負けは無いという強い確信でした。

　この２つを兼ね備えるようになれば、むしろ先物投資（ミニ）を行わない方が宝の持ち腐れになると見たのです。

　この取引だけでなく、実際の取引での危機管理の原点は、自分が自由にできる自己資金の額が一番問題になります。額そのものは問わないのですが、もし相場が急変して大きな損を抱えた場合に、自己資金の損害がどこまでが耐えられるかを知って戦うことが求められます。

　私はこの金額は自己資金の３０％までが限度と見て、相場に参画するように求めています。

　過去の事例では、１日で最大日経平均が最大１、０００円暴落した時に、その損害額が自己資金の３０％までに収まるように取引するのです。

　その他の危機管理ですが、この取引を行う場合には初級者対応として、１年間は日経ミニ取引で１枚の売買からスタートするように指導しています。

　今ですとこの取引に必要なのは、約６.６万円程度ですから、

例え日経平均が１日１，０００円も暴落しても、１０万円の損害で済み追証まで払うことはないでしょう。

その後１年間は５枚までと増やしていきますが、基本は先ほど書きました自己資金の３０％までに留まるように行う危機管理能力の元で行います。

先物取引の簡単な説明をしておきます。先物取引には日経平均先物の他にいろいろな先物取引がありますが、ここは一番取引量が多い日経平均先物に絞り込んでお話しいたします。

現在の日経平均が上がると見れば買い建てをし、下がると見れば売り建てを行うというシンプルな取引です。
その時の売買では１枚売買するのに、そのものの値段ではなく、掛目という金額で売買することになります。

８月第２週の期間ではラージが６６万円、スモールが６．６万円となります。
売買手数料はラージ１枚で１３６円と低い金額ですが、読み違えれば○○円×１０００倍の損害が出ます。日経先物ミニ取引はこの１０分の１で計算します。
掛目は保証金の役目を果たしています。

普通取引ではないものとして、先物取引にはＳＱ日がありま

第６章　株は危機管理ができて一人前です　　99

す。3月・6月・9月・12月の第2金曜日で、1年に4回の
SQ日があります。

　この日には全ての持ち越した先物は、この日で一旦決済され
ます。ただ持ちこしたい時には、ロールオーバーとして次の月
の先物へ乗り換えも可能です。

　もう一つの日経平均を基準とした**オプション**もありますが、
こちらは乗り換えはできなくて、毎月毎の勝負となります。実
質20営業日しかなく、こちらの勝負は絶対になさらないよ
うにして下さい。

　若い頃この勝負に嵌まり、先物で獲得した利益を遥かに超え
る損失を出して苦しんだ苦い思い出があります。

5　今後世界で起こる情勢を読む

　今後世界経済で大暴落の引き金になりそうな懸念材料とし
て、アメリカの国債問題があります。

　具体的には米10年物国債の利回りが、米2年債の利回りを
下回る事態になれば、今後1年程度で景気が後退局面に入ると
言われています。

　「逆イールド」と呼ばれる珍しい現象ですが、過去大きな暴

落時には必ず現れる怖い現象です。

　このサインが出ますと、株は景気よりも半年早く動きますので、９月に入れば危険なサインが点灯するでしょう。
　欧州も危険なサインがいろいろありそうです。まずイギリスがＥＵと上手く離脱問題を解決できるかですが、今は強行離脱派が政権を取りましたので、時限爆弾を抱えています。欧州の盟主のドイツもドイツ銀行のレバレッジ残高が異常で、これも大暴落の引き金になりそうです。

　中国はアメリカとの貿易交渉で、一つ対応を間違えますと、共産党の１党支配に揺るぎが出る可能性があり、今は大暴落の火種は世界中に広がっています。
　日本もこの火種を懸念して、株価の正念場を迎えました。

　大暴落の足音はすぐ近くまで迫ってきた感じです。
　ここまでこの本を読んで頂いた読者は、ここで怯えて対応を間違えることはないでしょう。何度も言いますが、ピンチはチャンスです。
　普通取引の方は普通取引対応で、信用取引や日経先物取引は大きなチャンスを迎えました。
　ここまで来て鉄砲の引き金の手が震えて引けないなんてことがないように、今から用意して身構えて下さい。

第６章　株は危機管理ができて一人前です　　101

この本を読んだ方には、ノアの方舟をすでに用意して待っています。

そこから起こる悲喜こもごもの展開の差は、この本を読んだことにあります。

第７章

※

主要銘柄の、チャートの
総括と解説

個別銘柄総括で言いますと、普通株の取引の方は３線上の
アリア銘柄のみが買いの対象になります。

　これ以外の個別銘柄については買いも手持ち株にもしない
ことが、利益を出せる絶対条件になります。

　問題の３線上のアリア銘柄ですが、これはその時の相場状況
で大きく違ってきます。

　相場が良い時は３線上のアリア銘柄は多くなり、相場が悪く
なりますと少なくなる傾向が見られます。

　今は全般に相場付が悪く、買いの対象となる３線上のアリア
銘柄が少なくなってきました。

　この銘柄群がどんどん少なくなって無くなっていくような
ら、相場は大暴落へ向かっていると判断した方が良いでしょう。

　反対に３線上のアリア銘柄がどんどん増えて、どれにしよう
か迷うぐらい増えてきたら、そろそろ相場は過熱気味で、一旦
は売り上がって行く方がベターです。

　この状態は暴落の後に起こる現象ですので、まだ２、３年先
の話になるでしょう。

　売買する時に、出来高が１週間で１０万株以下の株は、売る
時に値が飛んだり売れない恐れもあるので、５０万株以上の株
を目安にします。

104

イ　3線上のアリア銘柄群

①神戸物産（３０３８）週足チャート
図 7-1

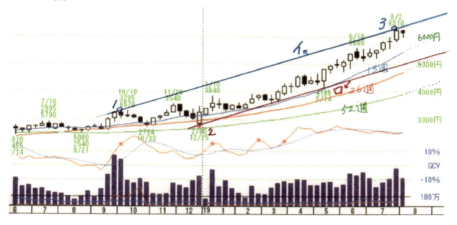

　この会社は業務スーパーを多店舗展開して業績を伸ばしています。
　３線上のアリアになりますと、このチャートのように飛行機が離陸して飛び立つような美しい形になります。チャートの美は買いなのです。

　絶好の買い場は２０１８年９月の２、５００円台でしたが、この後株価が下落して**２６週線**まで下りて来た時が買い場に

なります。

　但し株価がここで下げ止まらずに５２週線まで下げた時は決済です。この時は一転して売り転換になります。僅か数百円の幅ですが、この差が買いと売りの差になるのです。

　このような週足チャートを利用しての売買の他に、より慎重を期した方には月足チャートを利用した売買があります。

　この方が安全且つ効率的な売買であると思います。ただ月足での売買は気を長く持って行いませんと、どうしても気が早まってしまうケースがままあります。

　そのような時は月足チャートに目標値を書いて待つぐらいの周到な準備が必要になります。

　それでは神戸物産の月足チャートを図示します。

図 7-2

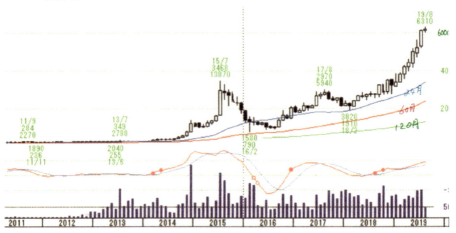

このチャートの左端のローソク足は、長年に亘って３つの月足線が１本の収斂した線になっていました。

　この後に下の売買高が増えるに従い、株価が連動して上がり出す習性があります。

　暇があれば月足チャートでこれと似た銘柄探しをして、銘柄ストックをしておくことをお勧めします。

　さて、元に戻ってこの銘柄の診断ですが、ずばり上がり過ぎです。

　問題は株価と２４月線との間の乖離幅にあります。いずれ株価は２４月線の引力に引きずられて、この線まで引き戻される可能性が高いと考えます。

　月足チャートから見れば、この銘柄は買いではなくむしろ売りが正解だと考えます。

　そしてこのような銘柄の特徴として、蛙さんの飛び跳ねたチャート型を作るのです。いずれ株価は４、０００円前後で２４月線にタッチするでしょう。

　ここを待って買いに入るのが株上手というものです。

　日頃から日足チャート的な売買に終始する人からは見えて来ない株価の見方は、月足チャートに戻ることによって、鮮明に見えて来る部分があるのです。

第７章　主要銘柄の、チャートの総括と解説　　107

株式投資で最大の味方は、月日をかけてじっくり銘柄を観察することです。

　そうすれば３線上のアリアになりかけの初期段階が、最大の買い場だと気が付かれるでしょう。
　やたらと売買を繰り返して利鞘を稼ごうとしても、結局は因幡の白兎で最後は身ぐるみを剥がれるだけです。

　②ソフトバンク（９９８４）月足チャート
　昔は急騰急落を繰り返す怖い銘柄(値幅取りには絶好)でしたが、いつの間にか良くも悪くも普通の銘柄に落ち着きました。
　ソフトバンクと言えば孫　正義社長の強烈な指導力が思い出しますが、今後はこの力が良くも悪くも出る銘柄になっていくでしょう。
　そして現在は月足チャートで見ても３線上のアリア銘柄になっています。

図 7-3

　図体が巨大になった分、かっての勢いは衰えましたが、それでも２０１２年１月の１、０２５円から１９年４月には６、０４５円と約６倍の上昇を遂げています。この銘柄もある意味で蛙とび銘柄の仲間になります。
　現在は基調線の下値指示線からかなり乖離して、今後はこの線まで引き戻されそうな気配を感じます。
　現在の株価は１９年４～６月期の業績が、上場企業トップの３．６倍を反映したもので、その割には株価の伸びが鈍く、これも現在の相場模様を表わしているのでしょう。
　６０月線ないしは**下値支持線**まで株価が下落した時に、チャンスが到来しそうです。

③第一三共（4568）月足チャート

図 7-4

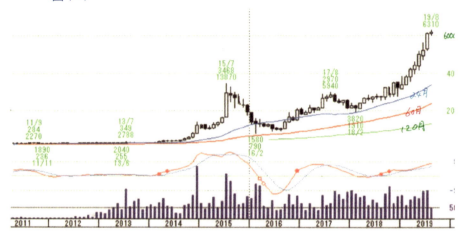

　このように月足チャートにしますと、この銘柄も上がり過ぎが露呈してしまいます。
　半年か1年後に株価は24月線か60月線まで下がる可能性が高いと考えます。その結果チャートは蛙飛びのチャート型を形成するでしょう。
　ここは買いではなく、空売りのポイントだと見ます。
　買いはこの売りが一巡した後が絶好の買いポイントになるでしょう。

　次は週足チャートで3線上のアリア銘柄を一気に記載します。果たしてこの中で3線上のアリアとして生き残る銘柄はどれでしょう。

これは私にも現時点では全く判りません。
　ヒントは先の例のように月足チャートを調べれば、判る銘柄も出てくるかもしれません。

④ネットワンＳ（７５１８）週足チャート
図 7-5

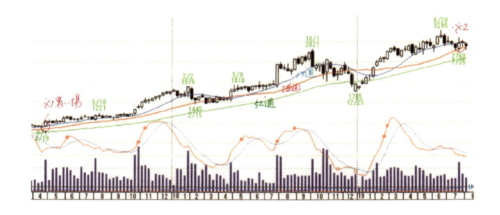

　ネットワークでは業界トップクラス。２０１７年４月に最初の買い場があり続いて１９年７月に第２の買い場を迎えていますが、この会社はこの後３線上のアリア銘柄としてこの後生き残れるでしょうか。
　同じ３線上のアリア銘柄でも、その時の相場の状態によって結果が全く変わってくるのです。アベノミクス相場の２０１３年以降でしたら、この銘柄はまず順調な推移で右肩上がりを続

けるでしょう。しかし今回のように暗雲垂れこめた相場の中ではどうなるでしょう。

　それと紙数の関係で載せていませんが、月足チャートで見て株価と**２４月線**との乖離はあるのでしょうか。３つ目が１８年１２月に一時株価は**５２週線**を割りました。この３つの条件の中で、この後株価はどうなるのか判断するのです。

　これによって同じ３線上のアリア銘柄でも、状況が変わることによって判断が変わります。それをこの銘柄を今後追跡することによって理解が深まります。

⑤シリコンスタジオ（３９０７）週足チャート
図7-6

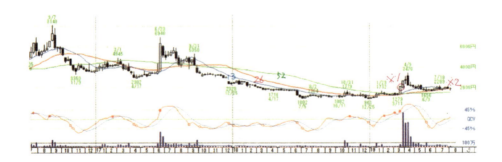

同じく情報通信のゲーム・映像業界に特化した紹介サービス
を行っている銘柄です。

　コード３０００番台はこの手の情報サービス業のコードで、
暇があれば順番に週足チャートを出して有望な企業をチャート
で探し出すのも面白いと思います。

　ここには、まだ設立してそんなに日が経たない若い企業が多
くあり、この企業も設立してからまだ４年半しか経っていませ
ん。

　その分軌道に乗って来ると大化けの可能性を秘めていると
言っていいでしょう。

　まずチャートで目立つのは、長かった底這いのチャートで
あったのが、２０１９年３月から商いも伴い反転上昇に転じた
可能性が高いと思われます。その後は横ばいを続けて行くのか
微妙な位置にいます。

　過去のパターンであれば、間違いなく買いで報われる銘柄で
すが、再度の上昇トレンドを構築できるかが問われます。

⑥豆蔵（３７５６）週足チャート

図 7-7

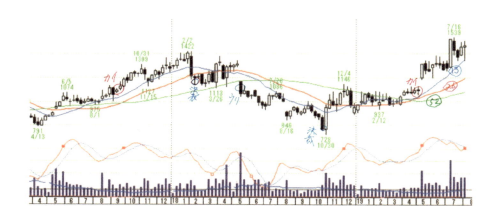

　佃煮屋さんのような名前ですが、れっきとしたＩＴ企業です。

　過去８ヶ月周期で３線上のアリアから３線下のアリアへ、またそこから３線上のアリアを繰り返している企業です。

　ということは、そのつど両建てで対応すれば利益が２倍に得られますので、３線のアリア関連銘柄として手持ちの銘柄に加えておきたい銘柄です。

　ただ３線下のアリアの時は、信用取引が必要になります。

ロ　3線下のアリアの銘柄群

　今度は反対に3線下のアリア銘柄を紹介します。対応は信用取引での空売りになります。

①電通（4324）週足チャート
図 7-8

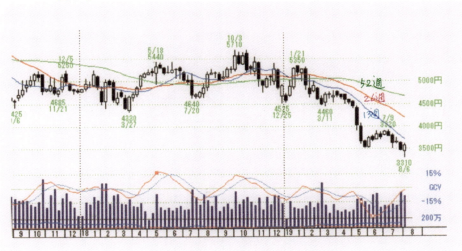

昨年までは株価と週足3線が収斂して、典型的な上に行くか下落するかのチャートを形成したのですが、日経平均とは真逆に下落しました。

　一旦株価が3線から離れた4500円前後の所で、売りを掛けるところです。

　JAL（9201）もこのチャートとそっくりな姿をしていますので、空売りも似たポイントのところになります。

②日本ハム（2282）週足チャート

図7-9

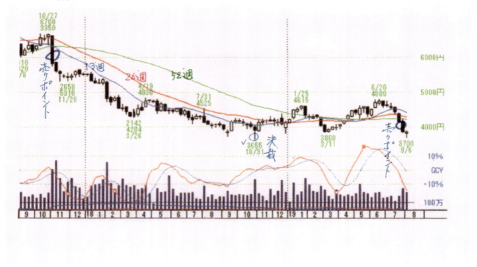

下落パターンのチャートの中でも珍しいパターンを形成した銘柄です。

　下落パターンに入ったのは２０１７年１０月からで、ここが空売りの最初のポイントになりました。一旦は１９年に入って株価は持ち直すかに見えましたが、７月から再び下落パターンに逆戻りして、２度目の空売りのポイントになりました。

ONE POINT

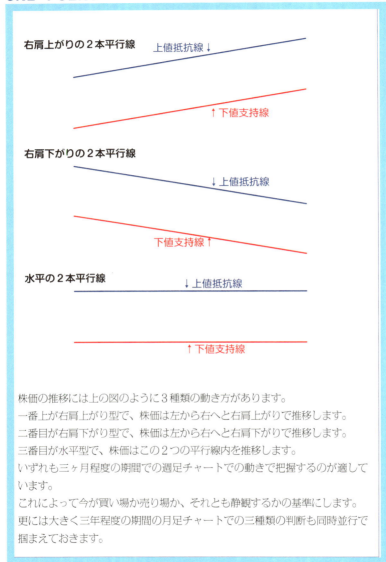

株価の推移には上の図のように3種類の動き方があります。
一番上が右肩上がり型で、株価は左から右へと右肩上がりで推移します。
二番目が右肩下がり型で、株価は左から右へと右肩下がりで推移します。
三番目が水平型で、株価はこの2つの平行線内を推移します。
いずれも三ヶ月程度の期間での週足チャートでの動きで把握するのが適しています。
これによって今が買い場か売り場か、それとも静観するかの基準にします。
更には大きく三年程度の期間の月足チャートでの三種類の判断も同時並行で掴まえておきます。

第8章
❖
株価チャートの基本、
売買の基礎

1　株価チャート（罫線）とは

　この章では、チャートの基本と売買の基礎を解説します。読者の中には初級者もおられると思いますが、この章でポイントを押さえていただければと思います。

　株価チャートとは、株価の動きを数字ではなく図表で表したものです。
　株価の動きを数字で表しますと、理解するのに骨がおれますが、図表にしたチャートで表示しますと、百聞は一見にしかずの如く読みやすくなります。
　よく表示されるチャートは、日足チャート・週足チャート・月足チャートの３つですが、その他に分足チャート・年足チャートがあります。
　それでは一例として、日経平均の週足チャートを図示します。

図8-1　2本平行線を取ること

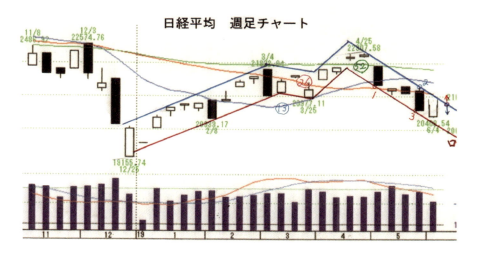

　チャートのルーツは、江戸時代堂島の米相場の足取りを記録した「罫線」が始まりです。その動きを上手く表示するために、「止め足」や「星足」が生まれ更に「棒足」が登場します。これが進化したのが「いかり足」ですが、明治３０年に到り現在最もポピュラーな「ローソク足」が誕生したのです。今のローソク足こそ、チャートの基本と言えます。

　さらにこのローソク足と並行して移動平均線が描かれ、現在のチャートが完成します。一時はチャートは「バックして運転する車のよう」と皮肉られましたが、今は株と言えばチャートというほど普及しました。

　それはチャートの中に全ての要素が詰まっていると認められるようになったからでしょう。

第８章　株価チャートの基本、売買の基礎　　121

図 8-2

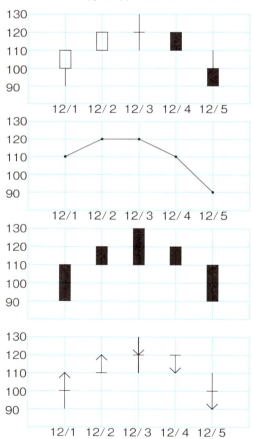

2 チャートを構成する３つの要素

チャートの中に出てくる要素は３つです。

ローソク足

移動平均線

売買高

　この３つの要素を推移する時間軸で、基本的にチャート上で表示します。

　この他にテクニカル指標も添付するケースもありますが、ここでは基本に徹して上の３つの要素のみ説明致します。

3　ローソク足のしくみ

図 8-3

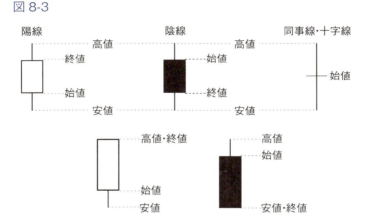

　一般的に陽線が多くなれば相場は上向きとなり、反対に陰線が多くなれば相場は下向きになります。十字線は相場が迷っている時です。

　普通はこのような一本のローソク足での判断ではなく、ローソク足の連なり具合から判断しますが、要は「習うより慣れろ」で数多くのチャートを見て判断力を養うしかありません。

　またローソク足にはいろいろな変化形があり、研究しだしますときりがありません。株式投資はこのようなローソク足の枝

葉の部分に熱中するよりも、もっと相場の根幹の部分（この本の１００ページまで）に時間を割くようにして下さい。

4　ローソク足に現れる兆候

イ　二点天井・三尊天井

　株価が高くなってもうこれ以上高くなりにくくなった時に、ローソク足が２本または３本並ぶ場合があります。
　そのような時が２点天井とか３尊天井と言います。
　この後に株価は下落することが多くなりますので、このローソク足は高値の危険サインと見て、対応する必要があります。
　日経平均では昨年この２点天井のローソク足が出現しました。

ロ　二点底・逆三尊

　これはその逆のローソク足のことで、このローソク足が出

現しますと株価は 底を打ち上昇に転じることが多くなります。
日足よりも週足の方がより実現する場合が多くなります。

5 移動平均線とは

　移動平均線が何故ローソク足と絡んで表示されるかと言いますと、ローソク足の動きは激しくて掴みどころが難しいのですが、このローソク足を何本か束ねて平均値で表しますと、なだらかな一定のトレンドを示すようになります。

　移動平均線は、それぞれ日足・週足・月足のチャートに、それぞれ３本の移動平均線が表示されます。
　日足チャートですと、
　２５日移動平均線・７５日移動平均線・２００日移動平均線

　週足チャートですと、
　１３週移動平均線・２６週移動平均線・５２週移動平均線

　月足チャートですと、
　２４月移動平均線・６０月移動平均線・１２０月移動平均線
となります。

6　大切なのはローソク足と移動平均線との絡み

　テクニカルチャート分析で大切なのは、ローソク足と３つの移動平均線との絡みです。その中でも株価と週足の３つの移動平均線は、一番実戦的で利益を稼げる手法となります。ただ週足だけで判断するのではなく、長期の見方として月足の３つの移動平均線と、ごく近くを見るために日足の３つの移動平均線を見る事も欠かせません。

　宮本道場が開発した３つの株価法則は、株価と移動平均線との絡みから見つけた株価法則なのです。

図8-4

7　指数連動銘柄

　株式欄を見ますと、東証1部欄の個別銘柄の他に、東証ＥＴＦ市場欄があります。最近は数が増えて４００銘柄近い銘柄が上場されていますが、このＥＴＦ市場をご存知でしょうか。
　ＥＴＦというのは本来債権の一種なのですが、実際の売買はほぼ他の株と同様の扱いで売買されています指数連動銘柄です。

その中で私が注目しているのは、**日経レバレッジ（コード１５７０）・日経Ｗインバース（１３５７）そしてＶＩＸ先物（１５５２）の３銘柄**です。

　これらの銘柄は決して持ち株の主役にはなれませんが、上手く使いこなせれば結構うまく利益を上げることができます。

　特に普通株取引の方は、この３つの銘柄を使い分けるといいでしょう。相場の悪化の時に日経ＷインバースやＶＩＸ先物を使いこなすことによって、普通取引の持つ限界をカバーできます。

　ただ普段あまり売買しない方は、コードを間違わないようにして下さい。

　番号を間違いますと、日経平均の倍の動きに設定されていますので、結構損害が大きくなります。

　簡単に説明しておきますと、日経レバレッジは日経平均が上がると見れば買いを入れます。値上がりは日経平均の倍上がるように設定されています。

　反対に下がる時も２倍で下がりますので、要注意です。

　日経Ｗインバースは相場が悪くなるほど、日経平均の２倍値上がりするという銘柄ですので、普通株しかされない方にとって、相場が崩れた時の救世主的な銘柄になります。最後のＶＩＸ先物は相場が突然大きく変化した時に、大きく上がるという特殊な銘柄ですが、これも相場が平穏な時に仕込んでおくと、まさかの助けになります。

第８章　株価チャートの基本、売買の基礎　　129

日経レバレッジ（１５７０）週足チャート
図8-5

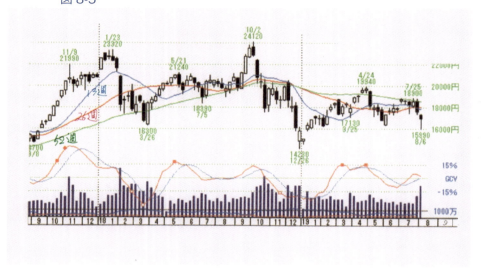

　日経平均と見間違うほどそっくりですが、株価の動きは日経平均の２倍上下します。しかし基本は日経平均連動型ですから、日経平均の判断で売買は決めます。株価は週足３線が収斂後に下に下落しましたので、この動きについて行くのが正解だと考えます。来週からの動きで流れは決まるでしょう。

日経Wインバース（１３５７）週足チャート
図8-6

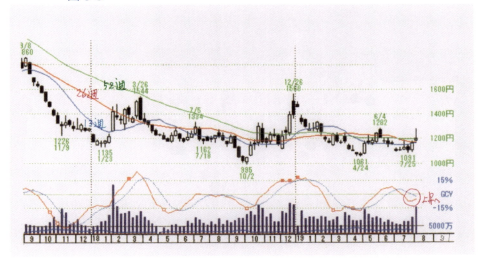

　今度は反対に相場が煮詰まって、早ければ来週からでも上昇に転じるチャート型をしています。下落すれば上昇するという銘柄の中では唯一違った動きをする銘柄ですので、普通株取引だけの方は是非うまく使いこなして下さい。
　同時にこの銘柄が上昇に転じたら、手持ちの銘柄は一旦手仕舞うのが原則です。
　単価も１０００円前後で枚数も１枚からと扱いやすく、株数を多く持てるのも魅力です。普通取引しかされない人には、相場が悪化した時には救世主になる銘柄になるでしょう。

ＶＩＸ先物１５５２　週足チャート
図8-9

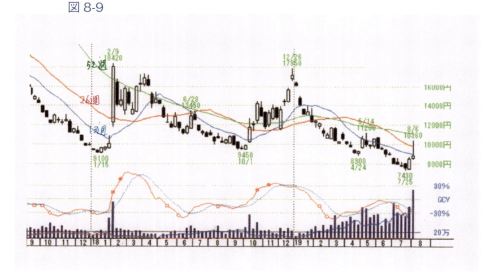

　今年になって株価はどんどん下がってきましたが、逆に出来高は大きく膨らんできました。分岐点に来た証しと見られます。
　何かの衝撃的な事件が起きますと、大きく値を飛ばす寸前の姿が垣間見れます。

　以上銘柄紹介をしだしますときりがないのですが、紙面の関係もあってここで打ち切ります。
　銘柄の週足チャートを出す上で一番大切なのは、３線上のアリアや３線下のアリアになる直前で週足チャートを出せるようにしておくことです。
　私はその基準にチャートの美しさを念頭に探しています。

何故ならこの美が利益を出す上で一番効率が最高になる確率が高いからです。

　そのためには日頃から絶えず３線上のアリアや３線下のアリアになりやすい銘柄を３０銘柄ぐらいストックしておき、その中から一番効率の良い銘柄を３銘柄ぐらいに絞り込んで持ち株にします。

　この作業を繰り返し行っていますと、今の相場が良い方に向かっているのか、悪い方に向かっているのかが体感できます。

　新しい銘柄を探したい時は、３０００番のコード番号の中から探して見るのもよいでしょう。ここは今一番ホットなコーナーで、情報・サービスの分野になります。

　最後に読者の皆様に宿題の銘柄を出しますので、この銘柄の過去の売買ポイントを指摘して下さい。

　さらにこの株が今後半年後どうなるかの答えを出して下さい。

　その場合必ず３つの株価法則を使って答えを出し、そして半年後に出た答えと照らし合わせて下さい。

　半年後というのは、この期間を絶えず読む練習を重ねることで、力がついていくのです。

　合う合わないよりも、今後このような訓練を繰り返すことにより、だんだん株式指南宮本道場の考え方が身について、見違

えるような投資成果が上がるようになるでしょう。
　答えを知りたい方は、株式指南宮本道場へお気軽にメールをして下さい。
To-miya@kcn.ne.jp

古河電工（５８０１）週足チャート
図8-8

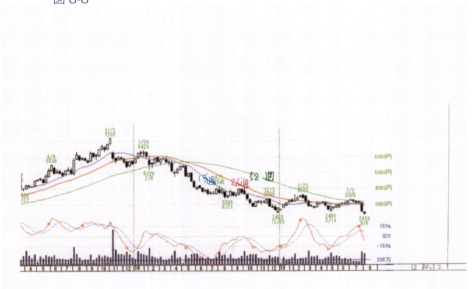

第9章

「人生は後半戦が素晴らしい」株の戦略をサポート

1 株は人生

　株と共に気がついたら６０年の人生を送ってきました。もちろん株ばかりをしてきた訳ではありませんが、少なくとも５０歳を超えてからの２９年間は、株を中心の生活をしてきました。他の勝負事の碁や将棋といったゲームも、その人の性格が強く現れますが、株においてはお金も人生も絡みますので、そこで得た結論が「**株は人生**」と感じたのです。

　特に６０歳を過ぎてから、単に株をたしなむという段階ではなく、株式指南として株人生を送るようになってから、株は人生という想いを強く持つようになりました。

　勝負事を仕事に持つということは、世間の人が思う以上にシビアで、結果がすべてです。プロ野球の監督も然りですが、株式指南といえば一見地味な仕事に見えますが、結果がすべてという中身は殆ど変わらないと思います。それを知る友人に、私がこの仕事を選択しようとした時に、絶対に辞めるように諭されたものです。その時にその言葉に素直に従っていれば、今の私の現在はなかったことになります。

2　株は戦略の勝負

　失礼ながら、株を戦略の勝負として戦っておられる方を見かけたことがありません。株に戦略などは存在せず、あったとしても戦術レベルでのテクニックや決断力が勝負の決め手と考えてされている方が、殆どではないかと思っています。

　しかしその結果が今の株式市場で９割近い方が損を出しているという結果になっているのです。私も１０数年前に株式会員を募集した時に、入会の条件の１つとして、現在までの利益の状況を聞きました。結果はやはり９割近い方が損を出しておられる状況でした。

　考えて見れば利益を毎年出している方は、そもそも会員に申し込まれる筈がないのですから、当然の結果とも言えます。
　それから今まで飽きもせずに戦略の重要性と、その戦略とは何かを教え続けてきました。戦術を数多く知ることよりも、たった３つの株価法則で勝てるという戦略を教え続けたのです。

　今だから言えることですが、教える立場から言えば、戦術を

第９章　「人生は後半戦が素晴らしい」株の戦略をサポート　　137

数多く教えるやりの方が実は楽で、戦略を来る日も来る日も教えますと、またかという飽きが来やすく、継続してもらうのが難しくなります。

　そこでその問題を解決するために、毎回株式情報の序文には、株と直接関係のない話題を取り上げて間を作りました。
　戦略の重要性を口を酸っぱくして言うよりは、戦略の3線のアリアの株価法則を駆使して利益を出せば、これが最大の武器になったのです。

3　株の戦略をサポートする考え方

　株の戦略をサポートする考え方とは、株は誰もが初めに想像するような短期戦ではなく、殆どが終生まで付き合うことになる長期戦になる覚悟が要ります。その時に身体の病気や心の鬱になることは、株にとって大きな障害になります。
　場合によっては死に至る場合もあり、この十数年で3名もの会員の方が亡くなられました。

　そこで私は株で勝利するためには、人生でも勝利する必要を感じたのです。

この考えで生まれたのが、「人生は後半戦が素晴らしい」という生き方です。

　本来人生の後半生は素晴らしいものではなく、むしろつらいことの方がはるかに多いのが実情です。その後半生を戦うことによって、人生は後半戦が素晴らしい生き方に変えようというのが、私の提案でした。

　これは日ごろよく買い物に行くショッピングセンターのイオンのキャッチフレーズに使われていたものを見つけて、私が借用したものです。
　「生」をたった一字「戦」に変えただけで、これくらい素晴らしいものになる好例でしょう。

　そうなんです。人生の後半生を迎えたら、ゆっくり好きな趣味の囲碁でもして、たまには孫の守りでもするかという考えは、その生活に入って間もなく甘い考えであったことに気がつかれるでしょう。
　女性はすでに自立して心構えが出来ていますが、問題は男性の方にあります。

4 「人生は後半戦が素晴らしい」を 実践する１１ヶ条

①毎日規則正しい生活を送る。
　起きる時間や寝る時間は決めて、不規則な生活をしない。

②絶えず前向きな考え方や行動をとる。
　話し合っても後ろ向きな姿勢を変えない人とは付き合わ
　ない。

③転倒して骨折しないように、毎日適当な運動を行う。
　特にウオーキングは時間を決めて毎日行う。

④食事はバランスよく、野菜を多めにとる。
　間食は少なめに、できれば朝のうちにとる。

⑤絶えず仲間を増やして、会話が弾む生活を心掛ける。
　妻との会話も忘れずに行う。

⑥１年に最低でも１回以上は旅行を行い、非日常の生活を
　楽しむ。
　国内旅行と海外旅行を共に行ければ理想。

⑦必要以上にお金に執着せず、お金はけちらない。
　お付き合いのお金は潤滑油と考える。

⑧１日に７時間以上椅子に座る生活をしない。
　妻が行っている食器洗いや芝生刈りを手伝えば、一石二
　鳥。

⑨物事に感謝し、明るく笑いのある生活を心掛ける。
　このことを紙に書き出して、常に見るようにする。

⑩妻にも礼儀を忘れず、たまにはプレゼントする。
　誕生日に「おめでとう」の言葉も忘れない。

⑪夜寝る前に、自分は幸せな人生を送ってきたと感謝して
　寝る。

5　持続力が人生を変える

　人生にはいろいろな力が必要ですが、何が一番大切な力ですかと問われたら、私は迷いなく**持続力**ですと答えます。

　素晴らしい能力がある人でも、この持続力がないために、あたら素晴らしい能力を十分に発揮できない人を数多く見てきました。

　持続力とは、自分の持つ能力のすべてを長期間に亘って濃縮する役目を果たし、これを持っていない人は、未完成品のままに人生を終わることになります。

　なまじっか器用で能力がある人ほど、その能力を分散させて使ってしまいます。その反対に成功者に共通な能力とは、愚鈍に１つの事を貫き通す愚直さを挙げることができます。

　この適例として、私はモーツアルトの例を挙げます。モーツアルトの一生はまさに幼児から音楽漬けの一生でした。膨大な音楽の持続時間が、天才モーツアルトを生んだのです。

　時代の早さに目をとられ、今の時代は１つの事に熱中することが難しくなりましたが、逆にそれゆえにこそ１つの事に持続

142

する素晴らしさが光って来ると信じています。

　私が５０歳という切りの良い年を迎えた時に、日本で初めて日本地図の作成に挑んだ伊能忠敬を知りました。彼は婿養子に入り、この年に隠居の身分を得ました。そこで彼は楽隠居をせずに、かねてから念願のこの仕事に取り掛かりました。この時代の平均年齢は５０歳前後ですから、いつ死ぬかも判らない中での命懸けの仕事でした。

　そこで私もこの後半生を、１つの事に自分の全時間を賭けようと考えたのです。**それが「日経平均読みの日本一」という目標でした。**この目標時間に一日最低５時間というノルマを課しました。正月もゴールデンウイークもなく、好きなゴルフも絶ちました。
　まだこの時点では会社勤めをしていましたので、さすがに余分の４時間（朝２時間・夜２時間）はきつかったのですが、歯を食いしばって継続しました。

　１０年後に念願の定年を迎え、これで伊能忠敬と同じ境遇になれた時は、秘かに万歳を唱えました。

　これで１つの事に集中して、１日６時間（朝２時間・昼２時間・夜２時間）という素晴らしい時間の余裕を手にいれたのです。

第９章　「人生は後半戦が素晴らしい」株の戦略をサポート　　143

6 何故日経平均なのか

　後半生を株には絞り込んだのですが、その程度の絞り込みでは甘いと見て、実は株の何に絞り込むのかは随分悩みました。

　最後に絞り込んだのが日経平均という指数でした。日経平均というのは、日本の主要な２２５社の平均値のことです。

　この塊を研究すれば、日本の株の将来は見通せるだろうという考えでしたが、まだこの時点ではこの指数の日経先物（ミニ）取引が個人で取り引きできるとまでは思ってもいませんでした。

　これがまた後に莫大な利益を生む源泉の取引になるというところまでは、当時はまだ見通していませんでした。

　取り組んで見て、改めて日経平均の値動きがＮＹダウに比べて荒く、その上寝ている夜間の間に大きく動くという捉まえずらい指数であることに気付かされました。

　この問題点の解決法を見つけるために、考え出されたのが株式指南宮本道場の３つの株価法則でした。

　この株価法則を使えば、先物（ミニ）取引で１年間に資金が

倍増出来ることが判り、理論の株価法則ではなく、チャレンジ
投資で４年半の実際の売買を行い、その成果を証明したのです。
チャレンジ投資とは資金１０００万円を使い、実際の売買を行
いました。

　同時にこの売買を会員宛にインターネットで報告して成績
を出すやりかたです。４年半は１年ごとに区切り、１年間の利
益で示しました。

　利益から税金の２０％と売買手数料等の費用を差し引いて、
資金を倍にする必要がありました。

　ここで質問しますが、１年間に資金が倍増（ただし税金・経
費を除いて）すれば、１千万円は何年で１億円になると思われ
ますか。更に１０億円では何年でしょうか。

　その答えは次ページのようになります。びっくりしないで下
さい。

第９章　「人生は後半戦が素晴らしい」株の戦略をサポート　　145

表 9-1　資金倍増表

年次	資金万円	増加分
スタート	1000	
1年次	2000	1000
2年次	4000	2000
3年次	8000	4000
4年次	16000	8000
5年次	32000	16000
6年次	64000	32000
7年次	128000	64000

３年と少しで１千万円は１億円になります。１億円から
１０億円までの道のりも３年半で達成できます。いかに資金を
１年間で倍にするノウハウを獲得すれば、億万長者への道のり
が短いか判って頂けると思います。そのノウハウが私の開発し
た３つの株価法則なのです。

　しかしこれはあくまでも机上の計算であって、一寸先は闇の
株式市場ではそう簡単に行かないと否定されるでしょう。私の
会員の方でさえも、私が億万長者へのチャレンジを提示した時
には、多分同じような反応であったと思います。
　この売買表を私は**バイバイテーブル**と読んでいますが、確
かにすぐにこのような展開になることは難しいでしょう。問題
はこのバイバイテーブルのスタートにいつ辿りつけるかが勝負
だと考えています。

　頭から完全否定している人は一生辿りつけないでしょう。頭
からこのバイバイテーブルを信じ、かつ３つの株価法則で実際
運用する人は、３年半で１億円、更に３年半で１０億円を達成
できると信じています。但しこれが達成可能にするためには、
普通株取引だけでなく、更に信用取引や先物（ミニ）取引をさ
れて運用されることが条件です。むしろこの取引に慣れる時間
が掛かる時間が要り、スタート迄たどり着く時間がプラスで必
要になります。**しかし辿りつければ、その人の人生は変わる
と確信しています。**

第９章　「人生は後半戦が素晴らしい」株の戦略をサポート　　147

7 夢を見る人が勝ち

　私は人間を「夢を見る人・見ない人」の２手に分けて考えています。夢を見ない人は失敗もないので、一見堅実で手堅い人生を送る人かもしれませんが、人に影響を与えることのない人です。夢を見る人はただの夢想家で終わる人もいますが、それを実現するために工夫し努力する人は、人に良い影響を与える人になります。

　どちらが良いかはその人の判断ですが、私は同じ一生なら人に良い影響を与える人生を選びます。吉田松陰を最高の師と仰ぐのは、そのためです。

　その為に同じ見るなら大きな夢を見る人間になりたいと思いますし、またそのような人がたくさん出てくるような仕組み作りも夢見ます。

8　健康寿命を伸ばす

　我が国の平均寿命は男が８１歳、女が８７歳となりました。平均寿命は伸び続けていますので、いずれ１００歳という夢のような時代が来るかもしれません。

　しかし本当に伸びて続けてほしいのは、平均寿命だけではなく健康寿命の方がより重要なのです。こちらの方は男７１歳、女が７３歳と健康寿命との間に１０年以上の長い寝たきりや車椅子の生活の期間があります。

　寝たきりや車いす生活になりますと、生活の質は相当に落ちることになります。

　誰もが好き好んでこのような生活を望んでなる訳ではありません、実はこのような生活に入る２０年以上も前から、どのような生活をしてきたかや心構えであったかで、なる人とならない人の差が生まれているのです。

　この差は個人差が大きいので絶対とは言えませんが、確率的にはそうなる確率は高いといえます。

第９章　「人生は後半戦が素晴らしい」株の戦略をサポート　　149

それではどのような人が、このような寝たきりになりやすいかを考えてみましょう。

　まず身体的に良くない生活習慣を継続してきた人がなりやすいと言えます。
　具体的には１日の内で椅子に座る時間の長い方です。日本人は外国人に比べて長く、平均で７時間（外国人よりも２時間多い）も座った生活をしています。
　これよりもさらに長い時間座った生活をしている人は、老後に寝たきりの生活をする可能性が高いと言えます。

　昔は座る生活や立ち仕事が多かったのですが、最近は畳の部屋が減ったことで、椅子に座る生活が主になりました。またサラリーマン生活では椅子に座る時間が長く、これも健康面から見れば問題が増えました。
　次に問題なのは、車や電車・バスの利用が増えて、歩く距離が短くなってきたことも問題です。１日の歩く距離の基準値は、およそ７千歩と言われています。
　しかし年と共に歩かなくなり、老後にはこの数値から大きく減る人が増えます。
　また靴を履く関係から、親指と小指が内向きになる傾向が強まり、これが転倒する可能性を強めます。これが外向きの人と比べて、体のバランスが悪くなり、ちょっとした段差や小石にけつまづき、転倒してしまうのです。その際に打ち所が悪いと、

150

最悪骨折する場合が出てきます。

　骨折は寝たきりになる予備軍となり、車椅子の生活になる場合も多くなります。
　年と共に多くなる転倒するかしないかが、寝たきり予備軍への分岐点なのです。

9　人生2毛作の時代

　平均寿命が伸びましたので、人生は2毛作の時代に入ったと言われるようになりました。もう1つに2期作がありますが、この違いをご存知ですか。

　2期作は米を2回つくることなのですが、2毛作は米を作った後に別の作物を作ることを言います。定年を延長して働くのは2期作で、定年の後全く別の職業に就くのを2毛作と呼びます。

　私のように定年まで会社勤めをして、その後は株式指南の道を歩みました。ただ株式投資をするだけでは、2毛作とは言いません。

同じ米を２回つくるだけなら、そのノウハウは同じでそう苦労することもないのですが、全く違う作物を作ることは、今までのノウハウが十分活きることは少なく、いろいろ新しいことに対応して進まなければ、失敗の連続を経験することになります。

　定年で貰った退職金を活用することになり、一気にリスクの多い生活に突入することになります。本や雑誌でこの題で特集が組まれますが、リスクを取り間違えますと、老後は一気に惨めな生活が待っています。

　サラリーマン生活からいきなりこのような２毛作へ進む時には、このリスクの取り方を間違えますと、家族を路頭に迷わす結果になりかねません。

１０　リスクの取り方

　リスクの取り方は、その時の年令や資金などによって変わってきますが、定年後のリスクの取り方は、石橋を叩いても渡らないではなく、十分な石橋の叩き方によって、そのリスクが利益を産む可能性が高いか、それとも危険と隣り合わせかを十分

に計算した後に実行します。

　それと総資金がいくらあるかでも変わってきます。一般的に言えば、いきなり総資金を賭けてチャレンジするのは、無謀の極みです。

　私は最大で総資金の半分までが限度だと見ています。それでは少ないというのでしたら、もう一度チャレンジ資金を見直すか、更に資金を増やすなりして実行することは望ましいと考えます。

　もうこの年齢からは若気の至りは許されないと考えることです。

１１　人生は後半戦が素晴らしい

　この言葉は人生の後半生がいかに生きづらく大変なのかの裏返しの言葉です。
　しかし反面このような人生を送れたら、「**ああ私の人生は何と素晴らしい人生だった**」と振り返るようになるでしょう。
　ここで確実に言えることがあります。この言葉を全く知らず

にそのまま人生の後半生に入った場合、この言葉通りの素晴らしい人生を送れる人は皆無に近いと思います。

　後半生がいかに困難に満ちた道のりであるかを覚悟し、それを乗り越えてやろうという強い意志を固めて向かわないと、素晴らしい人生は単なる夢物語に終わるからです。

　「終わりよければすべて良し」の人生を送って頂く為に、株とは関係がないように思える第9章を敢えて書きました。

第10章

「株のプロになってほしい」
株式指南宮本道場より

1　株式指南宮本道場の誕生

　株式指南宮本道場の誕生は、今から２５年前に遡ります。当時私はまだ定年をまじかに控えた会社員でした。第２の人生を迎える定年後は、株で生きていくと決めていましたので、近辺の知り合いの数人の株仲間に、株通信として**株式指南宮本道場**の名で細々と配信していました。

　この株通信を広く世に知ってもらうために、インターネットの株ブログに目をつけました。定年前を期に株ブログに株式指南宮本道場が誕生したのです。

　初めの数か月は毎日ほんの数名程度の訪問者しかなかったのですが、突然訪問者が１００名単位になり、あっという間に１０００人単位まで膨れ上がりました。後で判ったのですが、当時人気ＮＯ１の株ブログの**新撰組**さんが、面白いおじさんが書く株ブログがあると紹介してくれたことが判りました。

　やがて１日の訪問者が５０００人を超えるようになってから、賛同者のコメントが少なくなり、「インチキ野郎のクソ爺」

と罵るコメントが増え出しました。

　その後に訳の判らない文字化けしたようなコメントが毎日数千通連続して届き、更にどんどん増加して、私の株式ブログは炎上して閉鎖に追い込まれたのです。

2　４００人の会員が集まったが…

　閉鎖に追い込まれるまでに、コメント欄に好意的な意見を書いてくださった方に向けて、新しく有料（この時は半年３千円）の株式指南宮本道場のご案内をお送りしたところ、４０４名のご参加を頂いたのです。

　新しいスタートはこのまま順調に進むかに見えたのですが、「好事魔多し」でとんでもない相場の洗礼が待っていたのです。それが２００７年から始まるリーマン・ショックの到来でした。

　ただ私もこの手の大暴落が来ることはあらかじめ予測していて、この前後に今はナイアガラの滝の上の湖での遊覧船という比喩で警告していました。

　しかし日経平均が１２、０００円前後まで下落した時点で、

第10章　「株のプロになってほしい」株式指南宮本道場より　　157

もうそろそろ大底は近いとして、打診買いの段階に入ったと記事に書きました。

　これが大失敗でこの後株価は７、０５５円まで大幅下落したのです。
　４０４名おられた会員はこの追い打ちの暴落で、一気に１００名を切る段階まで落ち込みました。

　この私の判断ミスで、その当時いた４００人もの会員数は１年後には更に８０人まで激減しました。株式指南を３０年近く行いましたが、後にも先にも私がおかした唯一の汚点をつける大きな判断ミスでした。

　その時までは殆どミスらしいミスをしてこなかったので、今から思えば自信過剰で、冷静な相場判断と３つの株価法則を守らなかったことが、この重大な判断ミスを招いたのだと思いました。

　その意味でこのリーマン・ショックを経験したことで、私の本当の意味での株式指南の生活が始まったと言えます。もちろんそれまでの５０年の及ぶ株式生活では、これに近い株価暴落は数度経験してきましたが、ただの一介の株式投資者と株式指南とでは天と地の差があることを知ったのです。

特にこのような日経平均で５千円という大きな金額の判断ミスは、投資指南としては絶対に許されないものです。しかし信じがたいことに、８０名の方が会員に残り、その後の１０年間という長い間会費を払って継続してくれました。

　その後２回の会費の値上げにも、気持ちよく付き合って頂きました。

　残ってくれた８０名の会員の為に、今後は全身全霊で株に打ち込み、２度と大きな判断ミスを繰り返さないことを、翌年の正月に行く春日神社で誓いました。

　同時に大枚１万円を奉納したのを憶えています。

　私は昔からこのように大きな誓いを立てた時には、必ず心に誓うだけではなく、記録に残すことを心掛けています。

　記録と記憶はたった１字の違いですが、そこには大きな違いがあると信じているからです。人間の記憶は実に不正確で、記憶の賞味期限はせいぜい１週間程度で、そのほとんどは１年内に脳の記憶から消え去ってしまいます。

　特に大事なことは、記録してメモや手帳や株式備忘録に残すことにしています。

　最近「**メモの魔力**」（秋元 康著・幻冬舎・１４００円＋税）という本が出て、ベストセラーになっていますが、確かに魔力を

有していることは間違いがないようです。

　現在の宮本道場の活動状態は、毎週日曜日に株式情報をメールでお送りして、６ヶ月間の会費が１万円で５０名の株式情報会員がおられます。

　もう１つが不定期ですが、もう少し頻繁にメールでお送りする起業塾会員で、会費は５万円と少し高くなりますが、面倒見は遥かに良くして、最終的には株のプロを目指す方向きのコースの２コースがあります。

　この間の７月１４日（日）に、この２つのコースのメール数が１０００回を超えました。一口に千回と言いますが、４００字詰めの原稿用紙に換算しますと、

　１２、０００ページにもなります。これを日換算に直しますと、原稿用紙３ページ分を来る日も来る日も休みなく、毎日書き続けてきたことになります。

　話は変わるのですが、私は長い人生の中には、人間には「**モツアルト時間**」があるということに気が付きました。モツアルトとはご存知の天才音楽家のモツアルトのことです。何故天才音楽家のモツアルトが誕生したかと言えば、モツアルトが幼い事父親に馬車で連れられて、音楽修行の旅に出ました。

　この１０年間に音楽漬けになった頭が、天才音楽脳を形成し

たと見ているのです。特にこの幼い頃に１０年間に音楽漬けに
ことが重要で、天才脳は鉄は熱いうちに打てとつながると考え
ます。

　最近囲碁の世界で、まだ１０歳の中邑　菫さんがプロの初段
になって世間を騒がせました。父親がプロの９段で母親も囲碁
のインストラクターというのも、モーツアルトの環境に似てい
ますが、その環境に満足せずに父母から飛び出て韓国で囲碁修
行をしたというのも、そっくりです。

3　株のプロになってほしい

　最後に株式指南宮本道場の今後の夢ですが、まず起業塾会員
に株のプロになってもらうことです。いずれ私が行っていたよ
うに、株のプロだけでなく、株式指南も行うようになってもら
いたいという夢を持っています。
　株式情報会員については、もっと日本に株人口を広げ、今の
ように銀行の普通預金に眠っているお金を、株式投資へと誘導
したいと思っています。

　これは「**預金から株式投資へ**」という単なる資金移動のこ

とを言っているのではありません。

「安全漬けの生活から、リスクのある生活への発想転換」
を促そうと考えているのです。いつの頃からか、日本人は豊かさを得た反面、日々の行動にリスクを取る生活をしなくなりました。

世界の進歩は今までよりも急速にテンポが速くなっているのに、安全第一の生活ではどんどん遅れを取って、気が付いた時には茹でガエルになって死んでしまう危険があります。

リスクと言いますと危険と勘違いされている方もおられますが、株で言いますとリスクはありますが、危険そのものではありません。

リスクを取らないとリターンはないのです。預金は危険ではありませんが、リターンはありません。

もちろん上に書いた活動内容を、私一人が行なうことは到底不可能です。

沢山の賛同する同志の方がどんどん増えて、株式指南宮本道場の志を引き継いで活動して頂くことを念頭に書いています。

日本は私の若い頃には、世界の物つくりＮＯ１になり、頂点を究めました。

しかし時代は変わり、今は物つくりからＩＴへと変化した結果、日本はそのことに気が付くのが遅れ、世界の先頭集団から

脱落してしまいました。

　今後はその物つくりさえも、ＩＴと連動した物つくりへ変わってきています。

　日本が生き残るためにも、早急にこの変化に対応する必要があります。

　それと私自身の偏見と言われるかもしれませんが、国民の致命傷的な精神構造として、資本主義国にも拘らず株式市場の重要性を軽んじておられることです。

　株式市場だけでなく、お金に対しても偏見がまかり通っています。

　私は今から１０年前に１００枚の株式指南の名刺を作りましたが、１０年も経つというのにまだ半分残っています。

　誰も喜んで受け取ってくれないので、そのうちに最少限程度しか使わなくなったからです。

　命の尽きる前に、新しい名刺を追加でつくる機会が訪れてほしいものです。

　それと通算２０年に亘る株式指南生活で、いろいろな方との話し合いがあり私がそれに対してどう感じたかを少しまとめてお話ししましょう。

　まず最初に、株式投資に必要な資金はいくらぐらい必要ですかというご質問をよく受けました。皆さんの想定されている金額は、最低でも３００万円大きい金額では１千万円は必要です

かと聞かれました。私は最低で５０万円、できれば１００万円あれば十分ですと言いますと、大抵の方はきょとんとされました。

但しこの金額はまったく自由になるお金で、来年春に子供の教育資金で必要ですという金額では困るのです。ましてや借金で工面した金額などはもってのほかです。

それよりも一番重要なのは、株式市場を席巻する凄腕のプロの機関投資家のことをご存知ですかと質問しますと、殆どの方は初めて聞いた話のようで、その機関投資家とは何者ですかと聞き返されます。

ひどい人では株式市場では個人投資家だけが取引しているという認識の方までありました。これはまあ例外でしょうけれど、今の日本の株式市場を取り巻く認識はこの程度なのです。

本当は日本の個人投資家の９割が負け組で、その大半を外国人投機家が市場を席巻してと話を続けるつもりでしたが、話の腰を折られて止めました。

その結果株式投資を行う日本人投資家は少数派になり、極端に言えば今の日本の株式市場が大暴落しようがしまいが、私には関係ございませんという人もおられそうです。

そこで私はこの絶望的な日本の株式市場を、今までの失礼ながらアマレベルの株の本ではなく、プロと対等に渡り合った人

間のプロサイドの立場から書いた本を、「**全国の個人投資家へくまなく１家１冊の株の本**」を目指して書き上げたのです。

　それが一生門外不出と思っていた３つの株価法則の発表でした。これはたった６年前に私が宮本道場の会員７０名に１冊２０万円で売り出した本の改訂版です。私の志を知り、会員の方はあたたかくこの本を安価な値段で出すことを認めて下さいました。もし一人でも強硬に反対されたら、私は諦めるつもりでおりました。私の会員は全員が心の広い素晴らしい人達ばかりです。

　心から感謝申し上げます。

　それでは株式指南宮本道場の紹介を兼ねて、いままでに会員に送った記事の一部を掲載します。

　会員への記事は、株式情報として一般会員向けが毎週日曜日、プロを目指す人向けの起業塾が毎週２〜３回程度メールでお送りしています。

　通算１４年目を迎えて、この２つの記事を合わせますと、今年７月２８日で１０００回目を迎えました。

第10章　「株のプロになってほしい」株式指南宮本道場より

株式情報ＮＯ６０４　８月４日

　ついに夏本番の８月に入りました。毎年地球温暖化の影響が進む中で、今年は当地でも４０度超えの猛暑を迎えるかもしれません。

　「心中滅すれば火もまた涼し」とは言いますが、この暑さは精神力だけで乗り切るのは無理なようで、昨年は我が家から車で１０分のショッピングセンターに、昼間の３５度超えの時間帯は涼みに出掛ける習慣がつきました。
　極暑に車は本当に便利な移動手段を与えてくれます。その車が将来大きく変わる可能性が出てきました。２０２５年には空飛ぶタクシーが実現するかもしれないのです。

　既に今年の５月４日にドイツのリリウムという会社のジェットが、１５メートルという高さまで上がり、空中で１分間の静止飛行に成功したのです。

　まだスタートラインに立っただけですが、後５年後には時速３００キロで飛び、料金は今のタクシー並みに抑えるのを目標にしており、今後の輸送手段が大きく変わる可能性が出てきました。素人眼には、それでは空が大混雑して危険ではないかと

危ぶむのですが、空ではジェット機は1万メートル、ヘリコプターは1000～2000メートル、もし空飛ぶタクシーが実現すれば数百メートルと区域が決められているので、それは杞憂のようです。

　しかし東京や大阪の大都市のすぐ上の空が、このような空飛ぶタクシーで埋め尽くされるのは爽快なのか、うっとおしいのか判断に苦しみます。
　さらに家も地上ではなく地中化が進み、空はジェットが飛び交いと子供の頃に手塚治虫に描かれた漫画の世界がまじかに迫って来つつあります。

　このような大きく変化する世界で、顧客の企業の選別も大きく進みそうです。今までは毎年企業の顧客は５％づつ無くなって行くと言われましたが、今後はその倍の１０％づつ無くなる競争の厳しい世界へと変わると言われています。
　その対応の筆頭がＩＴ対応でしょう。目下農業のＩＴ対応が最も進んでおり、昔ながらの農業は消えつつあります。

　１０％という大きな変化の元は、企業の後継者不足が一番の原因です。個人企業の大半がこの危機にさらされており、我が㈲アリアもその一つです。
　今後はこのような企業をマッチングさせて生き返させる企業が伸びそうです。

さて、相場に参りましょう。

今週はアメリカのダウが大きく下げ、それに連れて日経平均も下落しました。今相場は上下への分岐点にあり、来週からの動き次第で相場の流れが決まりそうです。

というよりも私は今後の相場は下落する可能性の方が高いと見ています。その時の普通株しかされない方の対応策として、**日経Ｗインバース（１３５７）**を紹介しましたが、再度この週足チャートを図示します。

図 10-1

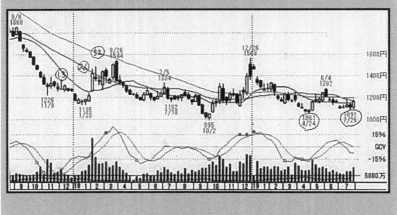

週足３線が収斂し、まもなく上に向かって上昇する寸前の姿をしています。

　２０１８年から２度にわたり株価が１、５００円台まで上昇していることもその可能性が近いことを暗示しています。

　２０１６年２月の日経平均が大きく下落した時には、株価は４、１４５円まで上昇しました。

　普通株しかされない方が、今後相場が下落トレンドに入った場合に、その対応策は持ち株をすべて決済し、この銘柄を仕込むことです。この銘柄こそ普通株しかされない方の最後の駆け込み寺になるのです。

　相場はいつも上げトレンドばかりではなく、下げトレンド入りすることもあります。せめて信用取引も覚えて、相場対応を広くすることをお勧めします。

　普通銘柄で今数少ない対応できる銘柄が**神戸物産（３０３８）**です。週足チャートで見てみましょう。

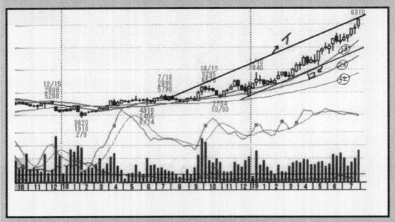

　この週足チャートを一目見ただけで、美しいと感じられるでしょう。これが買い推奨する3線上のアリア銘柄なのです。
　ただこの銘柄を今推奨するかと言いますと、それは別問題です。今の株価はむしろ逆に一旦売りのポジションにあります。
　株価が口の下値指示線まで下がってきた時が買い場になります。但しその後株価が５２週線へ向かうようなら決済します。

起業塾ＮＯ４００　７月２４日

　今朝の日経平均の株価の動きで、上昇へ舵を切ったと思われます。この１年間の株価の動きを図示します。

図 10-3　日経平均の週足チャート

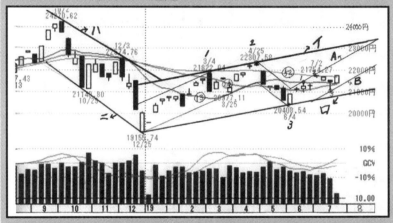

　今年に入って株価の動きは、大きくはイと口の右肩上がりの２本平行線内を推移中です。さらにその中をＡとＢの急な右肩上がりの２本平行線内を進行しています。このままの進行ですと日経平均は８月末から９月初めに２３、４００円を目指すものと見ています。その後の株価はイの上値抵抗線にぶつかり、一旦下落して口の下値支持線まで落ちるでしょう。

　当面の狙いどころは、イまでの上昇分の日経先物ミニ９月ものでの、この約２千円幅の狙いを定めます。

おわりに

日本の投資家は恐ろしい、と言われる日まで

この本は無名の私が飛び込みの原稿持ち込みをしました時に、応対して頂いたのが㈱ぱる出版でした。それからわずか2日間で企画採用となる奇跡的なオファがあったのです。このようなスピードのあるご英断をして頂いた同社首脳部の方と現場の皆様に深く感謝申し上げます。

しかしこのような劇的な取り上げ方をして頂いた出版社の方の勘と、私の出版後の本の出荷数の勘は一致するものがあります。

小説ではベストセラーと言えば１００万部ですが、この本も株の本としては異例の１０年間で１００万部を目指すと考えています。このことを申し上げたら担当編集者があり得ない話と一蹴されました。普通はこの手の本は１０万部で大成功と言われているのですから、その１０倍は大ぼらの類と見られても当たり前です。しかしそれを判ってはいても「**一家に１冊　国民的な株の教科書**」の妄想は捨て去ることができません。それは私が老後の資金になる株式指南料を捨て去って退路を断っての決断があるからです。

日本の個人投資家がこの３０年間、９割の負け組に甘んじる

ようになった最大の元凶は、今日本の株式市場を牛耳る一部の外国人投機家の仕業です。

彼等の呪縛から解放されて、最強の株価法則で戦い勝ち組になるには、僅か１７６０円の本代の最小費用で報われるのです。

今の個人投資家は必ずこのことが判ってこの本を買って下さると思っています。

１冊で駄目なら２冊、３冊と挑むつもりです。

まずこの本を手に取って読んで下さい。今までの株の本と言えば、株は技巧中心で３０ページも読めば疲れて先が読めませんでした。

しかしこの本は「株は株価法則」というシンプルな記述でまとめられています。

この基本は私は株の話中心ですが、約２０年書き続けてきました。

その結果株の本はシンプルで判りやすいことが最も求められていると肌身で感じてきました。ましてやチャートを交えての話となりますと余計にその感じを強くしたのです。

何事もシンプルイズベストなのです。シンプルだから簡単という意味合いではありません。シンプルの中に包含されている意味深い内容こそが命なのです。

今私は株式生活６０年を迎えて、途中いろいろ嫌なこともありましたが、今はすっかりそのようなことは忘れて、株を行い

おわりに　日本の投資家は恐ろしい、と言われる日まで　　173

株で仕事を得た株人生を満足しています。さらにこの本が話題を呼び、私の狙いの個人投資家の方のレベルが上がり、一人でも二人でも日に日にレベルアップして、**世界でも日本の個人投資家は恐ろしい**と言われる日を楽しみに、今後とも書き続けて行きたいと考えています。

　その日には私が今までに体験した日本人の株の意識が様変わりして、株をするのは当たり前で、株のある豊かな世界が広がっていることを楽しみにしております。

　話は変わりますが、私は本当に本好きで2日に明けず近くの本屋に寄っては本や雑誌を買います。その半分以上は株関係ですが、囲碁や英会話、更に純文学と読む範囲は多彩です。以前はゴルフに凝って、随分本や雑誌を買いました。

　株関係で言いますとこの30年も何千冊と読み続けてきましたが、最近は大半が立ち読みで、買うのは月に数冊程度になりました。

　理由は株の本なのに、実益が乏しいからです。株の本の第一義はその本を読んで実践したら、必ず実益がついて来なければおかしいと思うのです。

　実益どころか損失を出してしまいそうな株の本までがあります。それは株は技巧だという主張にあると見ています。

　これでは素人の碁の修行みたいなもので、永久にプロはおろかアマの高段者にも太刀打ちできないで一生を終えてしまうで

しょう。

　この差は株のチャートや碁の碁盤が、頭に暗記で入り込むかにあると見ています。この点ではできるだけ幼い時の頭が柔らかい時に、回数を重ねますと有利になります。ただ株はこのようにはいきませんから、その後のチャートの印刷枚数が効いて来るのではないでしょうか。

　私のように段ボール箱に何倍もチャートの印刷を重ねますと、自然とチャートを一目見ただけでその後の展開が読めるようになりました。

　ある部分チャートは「**習うよりも慣れろ**」という部分があるのかもしれません。それと私は実際の取引よりも、人に教える事が大好きで、ゴルファよりもティチングプロ向きの性格のようです。

　以前に株ブログを書いていた時に、「講釈垂れもインチキ野郎」と揶揄されましたが、インチキ野郎はともかく講釈垂れは否定しません。

　今の私の今後の夢は、生涯株の講釈垂れの現役で終わることです。来年８０歳を迎えますが、講釈垂れの夢は尽きることがありません。それは今の日本の個人投資家の９割の負け組の方を、どんどん減らして日本の個人投資家は強くなったという日が来ることを夢見ています。その為の一助になることを、この本に託します。

　　　　おわりに　日本の投資家は恐ろしい、と言われる日まで　　175

宮本壽一（みやもと・じゅいち）
１９４０年奈良市生まれ、大阪市育ち、仕事は東京中心。
趣味は囲碁四段、俳句、クラシック音楽歴７０年、プロ野球の実況、以
前はゴルフに凝りシングルを目指した時期あり。
㈲アリア 代表取締役
株投資歴６０年　株式指南役 通算１８年　慶応義塾大学法学部卒

株式情報・起業塾のお問い合わせは to-miya@kcn.ne.jp

たった３つ。すごい株価法則

2019 年10月17日　　初版発行

著　者　宮　本　壽　一
発行者　常　塚　嘉　明
発行所　　株式会社　ぱ る 出 版

〒160‑0011　　東京都新宿区若葉１‑９‑16
03（3353）2835－代表　03（3353）2826－FAX
03（3353）3679－編集
振替　東京 00100‑3‑131586
印刷・製本　中央精版印刷（株）

© 2019 Juichi Miyamoto　　　　　　　　　　　　Printed in Japan
落丁・乱丁本は、お取り替えいたします

ISBN978-4-8272-1208-2　C0033

弊社では、投資全般に係わる相談、相場の変動予測、個別の相談等は一切しておりません。
実際の投資活動は、お客様御自身の判断に因るものです。
あしからずご了承ください。